KATY PERRY

EDIÇÃO ESPECIAL PARA FÃS

Universo dos Livros Editora Ltda.
Rua do Bosque, 1589 – Bloco 2 – Conj. 603/606
CEP 01136-001 – Barra Funda – São Paulo/SP
Telefone/Fax: (11) 3392-3336
www.universodoslivros.com.br
e-mail: editor@universodoslivros.com.br
Siga-nos no Twitter: @univdoslivros

CINTHIA DALPINO

KATY PERRY

EDIÇÃO ESPECIAL PARA FÃS

São Paulo
2015

UNIVERSO DOS **LIVROS**

© 2015 by Universo dos Livros
Todos os direitos reservados e protegidos pela Lei 9.610 de 19/02/1998.

Nenhuma parte deste livro, sem autorização prévia por escrito da editora, poderá ser reproduzida ou transmitida sejam quais forem os meios empregados: eletrônicos, mecânicos, fotográficos, gravação ou quaisquer outros.

Diretor editorial: **Luis Matos**
Editora-chefe: **Marcia Batista**
Assistentes editoriais: **Aline Graça, Letícia Nakamura e Rodolfo Santana**
Preparação: **Sandra Scapin**
Revisão: **Guilherme Summa**
Arte: **Francine C. Silva e Valdinei Gomes**
Capa: **Francine C. Silva**
Foto de capa: **Don Arnold/Getty Images**

Dados Internacionais de Catalogação na Publicação (CIP)
Angélica Ilacqua CRB-8/7057

D157k

Dalpino, Cinthia

Katy Perry: edição especial para fãs / Cinthia Dalpino. – São Paulo: Universo dos Livros, 2015.

160 p.

ISBN: 978-85-7930-882-6

1. Cantoras – Estados Unidos - Biografia I. Título

15-0761   CDD 927.8164

SUMÁRIO

1. Introdução — **7**
2. A garota de Santa Bárbara — **11**
3. Mecanismo de acreditar — **17**
4. Vamos falar de música? — **23**
5. Katy no mundo das celebridades — **49**
6. Os figurinos de Katy Perry — **59**
7. Vestidos: uma paixão — **65**
8. Cabelo & maquiagem — **67**
9. Perfumes, óculos e tatuagens — **73**
10. Turnês musicais — **81**
11. Filmes — **85**
12. Repertório — **95**
13. Super Bowl — **101**
14. Games — **107**
15. Dançarinos — **109**
16. Prêmios e outras conquistas — **113**
17. Relacionamentos — **123**
18. Características de Katy Perry — **133**
19. Hinos de superação — **141**
20. Como ela chegou lá — **153**

1
Introdução

Ela acredita em contos de fadas, parece personagem de desenho animado e, embora nunca tenha tido acesso à televisão aberta durante a infância, consagrou-se fazendo sucesso entre as crianças depois de dar voz à Smurfette, personagem da família dos Smurfs, que a transportou de vez para o universo paralelo em que vivem os personagens.

Katy Perry sabe fazer entretenimento, e percebeu bem depressa que escancarar sua intimidade não prejudicaria em nada a sua carreira. Ao contrário, ao humanizar e revelar as dificuldades dos próprios bastidores, ela se tornou um exemplo de superação, daqueles que nenhum guru de autoajuda conseguiria prever.

Ela é naturalmente sincera. Se seguisse algum manual, talvez não conseguisse esboçar tanto essa verdade que se manifesta em suas palavras, em suas músicas e nas entrevistas irônicas que concede sem nenhum pudor.

Quando diante do público, ela se transforma em personagem de ficção e ao mesmo tempo encanta a todos com sua franqueza.

Katy não usa apenas a voz. Ela se coloca por inteiro: usa seu corpo, sua essência, e se torna parte de um cenário que transporta espectadores para um mundo mágico, no qual tudo é possível.

Seria exagero dizer que Katy vende sonhos? Não, não seria. É exatamente isso o que ela faz.

No intervalo do Super Bowl[1] de 2015, quando entrou montada em um grande tigre dourado, Katy fez o mundo perceber que não há limites entre realidade e imaginação. Em uma apresentação insuperável, Katy entrou no coração e na casa de milhões de pessoas, fazendo-as perceber que a magia do entretenimento pode levar qualquer pessoa desalentada, desmotivada, a levantar-se do sofá e deixar cada célula de seu corpo vibrar, assim como ela fez, ao encerrar esse show especial flutuando sobre um cometa.

É assim que Katy Perry escolheu viver: como uma estrela que não tem medo de brilhar.

Curiosamente, uma das artistas que mais vendeu músicas pela internet desde que esse mercado se abriu, recebeu um pedido de divórcio via mensagem de texto de celular.

---

1 Super Bowl é um jogo do campeonato da National Football League (NFL), a principal liga de futebol americano dos Estados Unidos, que decide o campeão da temporada. Disputado desde 1967, Super Bowl é o evento esportivo mais assistido dos Estados Unidos e, em nível mundial, é o segundo em audiência, perdendo apenas para a final da Liga dos Campeões da UEFA. (N.E.)

Sim, a era da comunicação facilita as coisas, mas também pode torná-las mais difíceis.

Minutos antes de um show no Brasil, ocorrido na cidade de São Paulo, seu até então marido, Russell Brand, dava-lhe um ultimato pelo celular, deixando-a na delicada situação de escolher entre cancelar o show e deixar milhares de pessoas chorando, inconsoláveis, ou consolar a si própria, cantando para todas aquelas pessoas.

Ela optou pela segunda possibilidade, e a apresentação foi impecável – Katy entrou em cena e brilhou em um show cinematográfico que levou a plateia ao delírio.

Sim, ela tem o poder de entreter. Até quando está destruída por dentro, consegue extrair o melhor de si.

Além disso, foi a primeira mulher a emplacar cinco hits de um mesmo álbum nas paradas de sucesso – conquista somente alcançada antes pelo ídolo pop Michael Jackson.

Katy brinca, descontraída, dizendo que é humana, apesar de parecer um personagem. Quando um apresentador lhe perguntou por que ela parava e voltava quando um fã lhe pedia um autógrafo, ela respondeu, ironicamente: "Sou uma mártir...". Depois, sorriu e emendou: "É muito difícil dar autógrafos de graça". E ante o argumento de que outros artistas não faziam isso, ela decretou, decidida: "Eles não merecem estar lá". É, talvez não mereçam mesmo. No mundo de Katy, todos os fãs clamam por atenção recíproca.

Expressando com suas palavras a mesma verdade que expressa nas letras de suas músicas, ela acredita que, quando estamos fazendo algo grande, a vida nos aplica alguns testes para saber se somos dignos de fazer aquilo. Definitivamente, nada é grande demais para Katy Perry.

Certa vez, quando foi chamada para cantar em um show da Victoria's Secret, ela, devidamente vestida, ofuscou as modelos mais bem pagas do mundo que desfilavam impecáveis de lingerie.

Sua genialidade excêntrica, diga-se de passagem, retrata uma jovem que não tem medo de se expor na era da internet. Sua criatividade e ousadia, aliadas ao comportamento disciplinado de quem tem o foco em um objetivo – a realização de um sonho –, conseguem derrubar as barreiras entre o real e o imaginário, fazendo todos os sonhos ganharem forma.

Katy Perry é a prova de que sonhos podem se tornar realidade. Ela é a prova de que nenhum sonho é grande demais.

2
A garota de Santa Bárbara

Santa Bárbara é uma cidade vizinha a Los Angeles, no sul da Califórnia. É uma daquelas cidades tão pequenas que todo mundo se conhece, nem que seja só de vista. Talvez uma das características principais de Santa Bárbara seja abrigar um número muito grande de estudantes, vindos de todas as partes do mundo, o que a fez se tornar uma verdadeira comunidade de jovens que parecem estar em eternas férias de verão.

Em Santa Bárbara, as meninas fazem *topless* na praia e as ciclovias permitem que todos andem de bicicleta pra lá e pra cá. E, embora não seja permitido beber na rua, o número de bares e casas noturnas faz com que os universitários sempre tenham onde se encontrar.

Nesse cenário nasceu nossa querida Katy Perry. Ou melhor, Katheryn Elizabeth Hudson. Diferente de outras garotas californianas que cresceram na região, Katy foi blindada do mundo exterior durante a infância. Seus pais eram muito religiosos e, por conta disso, tentavam evitar que Katy tivesse contato com qualquer coisa que considerassem pecaminoso. E a lista de coisas consideradas pecaminosas e, portanto, proibidas, era enorme, indo de cereais com nomes duvidosos até desenhos animados. Sendo assim, Katheryn cresceu praticamente dentro de uma bolha, de onde só saía com o aval dos pais.

No entanto, a atitude de seus pais pode ter ajudado a construir o caráter de Katy – uma mulher decidida, com opinião formada e avessa às drogas. E, indo um pouco mais longe, arriscamos até um palpite: talvez, sem a rígida educação que recebeu de seus pais, Katy não tivesse sobrevivido com tanta garra à fama, aos altos e baixos da carreira e, principalmente, às demandas emocionais causadas pelo sucesso. Mas ela, mesmo vivendo em uma bolha, foi percebendo que o mundo era muito maior que sua realidade imediata; que ele incluía muita coisa além daquilo que lhe mostravam. E quando o mundo lhe foi revelado em sua totalidade, ela assustou-se: por que seus pais a tinham privado de tantas coisas? Em vez de se revoltar, a garota de Santa Bárbara entendeu que ter pais superprotetores apenas a tinham tornado uma pessoa mais confiante e, especialmente, equilibrada.

Durante a adolescência, Katy provavelmente banhou-se nas águas geladas do mar da Califórnia, frequentou as feiras com comidas orgânicas realizadas pelos agricultores locais, visitou a biblioteca da cidade, assim como o píer, e teve acesso a uma variedade de artistas que se apresentam por ali – isso sem falar que ela viu, também, o pôr do sol mais multicolorido do mundo.

Qualquer menina que tenha crescido em Santa Bárbara pode ter cruzado com aquela morena de olhos profundamente azuis e oferecido um sorriso, porque Katy é daquelas meninas que todo mundo tem vontade de ter como amiga.

Engraçada, sincera e irreverente, ela ri de si mesma e esforça-se ao máximo para surpreender todo mundo. E, em paralelo a isso tudo, cultiva princípios, tem valores bem claros e sabe se divertir como ninguém.

Depois que recebeu o diploma do ensino médio, Katy prosseguiu naquilo que queria: cantar, pois isso era mais do que uma paixão. Era o que ela sabia fazer de melhor, sem treino, sem técnica e sem nenhum artifício. Ela cantava naturalmente. Tinha talento, daqueles que se traz consigo ao nascer. Mas faltavam a ela os contatos necessários para alçar o voo rumo à fama.

Por mais que morasse em uma terra onde muitas celebridades possuem casas de veraneio, Katy não conhecia nenhuma pessoa influente que pudesse ouvi-la e indicá-la para um programa de talentos. A sorte – ou o destino – lhe deu as boas-vindas quando ela decidiu seguir carreira no segmento da música, e estudou canto até os 16 anos. Chegou, inclusive, a cursar Ópera na Faculdade de Música do Oeste em Santa Bárbara.

Embora tenha frequentado a faculdade de música por pouco tempo, esse período foi influência suficiente para que ela tivesse ainda mais certeza daquilo que queria. Quando Katy conta que ouviu de pessoas na igreja que seria boa cantora, ela diz a verdade, porque dificilmente conseguimos ignorar um talento nato quando estamos diante dele. E era nítido que aquela voz tinha um futuro certo – o do sucesso.

Mesmo assim, ela bateu cabeça por muito tempo, mas isso só aconteceu porque ainda não tinha chegado onde queria. Ela queria produzir um estilo de música que tivesse a sua marca, que a diferenciasse de todo o resto. Para aproveitar a oportunidade de soltar a voz, Katy cantava músicas gospel. Não que isso a desagradasse – muito pelo contrário –, mas seus pais e amigos da igreja não eram necessariamente seu público-alvo.

Katy nasceu em um tempo em que tudo acontecia rápido demais, e mesmo que nunca tenha assistido a um único vídeo do Michael Jackson durante a infância e a adolescência, ela bateu os recordes do astro quando lançou seu autêntico trabalho.

Então, quando perguntarem a você quem é essa garota de Santa Bárbara, diga apenas que é uma jovem linda, com uma voz daquelas que a gente fecha os olhos e acredita que tem um anjo por perto, e que ela veio para ficar. Aliás, quando tiver a oportunidade de ouvi-la em um evento que reúna milhares de pessoas, se já não teve, lembre-se de que aquele momento será único, de que nunca sentirá nada parecido em toda a sua vida. Por isso, deixe-se levar, sinta o corpo todo estremecer e deixe todos os seus pelos se arrepiarem, porque ela não canta só para entreter o público. Ela se entrega de corpo e alma quando está no palco, com a mesma paixão e a mesma intensidade que um jogador de futebol entra em campo nos jogos da Copa do Mundo.

Para Katy, um show nunca será igual ao outro, porque ela escolhe ser diferente a cada apresentação. Ela pode até continuar sendo a mesma pessoa, mas com o passar do tempo, ela realmente adotou um aprendizado para sua vida: não menosprezar as letras de suas músicas. Por isso, ela se reinventa a cada show. Se Katy diz que tem olhos de tigre, isso é porque, certamente, ela possui mais do que uma simples intuição ou uma força qualquer. Pode ser que enxergue os horizontes de uma maneira que só mesmo aquela garota de Santa Bárbara, que passou por tantos momentos de restrição, consegue enxergar.

Suas músicas se tornaram hinos que tocam em inúmeras rádios e também em iPads e iPhones. Recorde absoluto de músicas baixadas no iTunes, a cantora pode ter alguma coisa que você ainda não viu nem ouviu. Prepare-se para receber o impacto, porque estamos falando de Katy Perry, a primeira e única, do jeitinho que ela sempre quis ser.

Shawn Ehlers/Getty Images

3
Mecanismo de acreditar

O sucesso de Katy Perry é a materialização do poder do pensamento, pois ela acredita na fé e em seu impacto na concretização de sonhos. Há muitos nomes que são usados para identificar a realidade interpretada e confirmada pela física quântica, e um deles é a já conhecida "lei da atração". Esse é o nome que daríamos para propor que Perry tem o poder de concretizar seus sonhos porque acredita neles.

Mas acreditar em seus sonhos não significa permanecer sentada em um tapete mágico, esperando que se materializem. Mesmo quebrando a cara diversas vezes e entrando em enrascadas dentro de gravadoras que jamais gravariam seus álbuns, e até mesmo vendendo apenas cem cópias de um primeiro CD, ela não desistiu de tentar.

Pode ser que sua vontade de cantar fosse grande demais, assim como a de obter sucesso ou de satisfazer um desejo do ego, aquela implacável parte de nós que gosta de aplausos. Mas o que parece mesmo – e olhando bem de perto dá para constatar isso – é que aqueles olhos azuis são amuletos que enxergam mais do que as aparências podem mostrar.

Katy nunca deixou de acreditar, nem por um minuto, que conseguiria chegar onde queria. Nem mesmo quando estava sem dinheiro em Los Angeles e acabou precisando pedir um empréstimo a seu irmão de 16 anos. Uma pessoa só faria isso se tivesse certeza de que estava no caminho certo. Porém, ninguém, além dela, acreditava nisso.

Fazer os outros acreditarem em algo que só nós acreditamos não é tarefa fácil. Requer um bocado de persistência, um tiquinho de ousadia e muita vontade. Mas isso ela tinha de sobra.

Katy jamais deixou de acreditar que a sorte lhe sorriria e, assim, imaginava-se cantando nos palcos e permanecia acreditando nisso. Em entrevistas, ela conta que, desde pequena, sabia que seria cantora. Mesmo quando gravadoras davam-lhe ultimatos ou ela se via cercada de desafios, revela que sua atitude mental era a de quem estava a um passo do sucesso, e que o agarraria com todas as forças, assim que pudesse. Mas ela ficou "a um passo do sucesso" por algum tempo, e só mereceu chegar ao primeiro lugar das paradas norte-americanas quando, de fato, conseguiu ignorar aqueles que não acreditavam nela.

Para vencer na vida, ela necessitou, em primeiro lugar, vencer seus próprios medos. Porém, sua vitória verdadeira veio depois, demonstrada nas músicas que ela compôs para jogar na cara de quem duvidava de seu poder.

Suas crenças são tão interessantes quanto inspiradoras. Em entrevistas, ela conta que acreditar é uma fórmula mágica, que é como se o simples fato de acreditar em algo tenha o poder de fazer daquilo uma potencial realidade pronta para acontecer, como se fosse uma bola perto do gol, esperando para sacudir a rede.

Quando Katy diz que é preciso acreditar, não se engane ao pensar que ela está soltando palavras ao vento. Acreditar, para ela, é um mecanismo que envolve mais do que uma vontade simples e pura. Ela interpretou os próprios sonhos, e com a voz incrível que Deus lhe deu, ficou muito mais fácil ser uma cantora de sucesso.

Mas nem todo mundo que nasce com um talento consegue ser bem-sucedido com ele. Qual será o motivo que levou Katy Perry a alcançar patamares até então inalcançados por uma mulher, como emplacar cinco músicas do mesmo álbum em primeiro lugar na lista mais famosa dos Estados Unidos?

Para ela, não existem limites entre o pensar e o agir; tudo na vida é a materialização das coisas que projetamos para nós mesmos. Contudo, as crenças da nossa cantora favorita não param por aí, talvez também por isso ela seja interessante.

Katy cria músicas sobre ocultismo, magia, extraterrestres e baladas surreais. Será que ela não vê distinção entre realidade e fantasia, ou acha mesmo que, em entretenimento, tudo é possível, até que se prove o contrário?

Seu mecanismo de acreditar inclui uma longa lista de peculiaridades, uma das quais é a crença na existência de seres vivos em outros planetas. O assunto, bastante polêmico, agitou listas de discussão no mundo todo, principalmente quando ela lançou um clipe em que uma série de crenças se misturavam, trazendo para a realidade uma atmosfera de vida totalmente diferente. Mas ela não temeu as críticas em nenhum momento, porque, sim, ela acredita que existam alienígenas, e disse com todas as letras ter sido a coautora do hit "E.T.". Estava tão segura de sua afirmação, falava com tamanha convicção, que desafiou o próprio presidente dos Estados Unidos a se manifestar a respeito, sem medo de ser confrontada com opiniões contrárias.

"Evidentemente, existem outras formas de vida em nossa galáxia", ela disse em uma coletiva de imprensa, deixando todos de cabelo em pé – "todos" aqui na Terra, porque "o pessoal" dos planetas aos quais ela se referia deve ter se deleitado com o bom gosto do clipe que ela produziu, ao personificar-se em uma espécie alienígena.

Não contente em dizer com todas as letras que acreditava em extraterrestres – coisa boba para quem admitiu em sua primeira canção de sucesso que beijara outra mulher! –, Katy fez questão de colocar todos os pingos nos is, e disse que queria saber o que o presidente dos Estados Unidos pensava sobre o assunto: "Eu gostaria de perguntar ao presidente Barack Obama o que ele pensa a respeito", declarou.

Corajosa é um adjetivo perfeitamente válido para classificar nossa heroína (vale lembrar que este livro foi escrito para adoradores de Katy Perry, e que rasgaremos elogios à nossa diva do início ao fim; portanto, se você estiver lendo apenas por curiosidade, aproveite para entrar no clima e desfrutar melhor a leitura).

"Olho para as estrelas e penso: 'como nós nos achamos tão importantes a ponto de acreditar que somos a única forma de vida?'. Se minha relação com Obama evoluir, farei esta pergunta a ele. Mas ainda não é o momento."

Como se não bastassem as declarações sobre extraterrestres (Steven Spielberg deve ter adorado!), Katy declara-se amante da astrologia. Mas amante mesmo! Nada de entrar em sites para ver o que vai acontecer... Ela gosta de interpretar a realidade por meio das conjunções astrais (Incluímos o mapa de Katy mais adiante. Confira!).

Como é que pode uma pessoa cujos pais são pastores e que foi criada até a adolescência na doutrina cristã, quase sem contato com televisão, ter esse tipo de crença? Curiosamente, a criação de Katy não alterou em nada a percepção que ela tem do mundo (cá entre nós, deve ter alterado um pouquinho sim...), e ela acredita que seu conceito de fé apenas tenha mudado com o passar do tempo. Mais madura, hoje ela vê Deus como uma energia cósmica muito maior que ela.

Katy diz que não vê Deus exatamente como ele é mostrado em filmes; diz que não acredita em um Deus velhinho e barbudo, sentado em um trono, nem que céu e inferno existam, geograficamente falando: "não acho que sejam lugares reais", declara.

Talvez a definição mais adequada sobre o lado religioso de Katy, atualmente, seja "ex-cristã". Pelo menos, é como ela se intitula quando lhe perguntam a respeito de suas crenças atuais, já que hoje odeia rótulos vinculados a qualquer religião (ela teve um probleminha em um dos clipes sobre um colar islâmico, mas isso será contado na sequência).

A cantora admite ter crescido em uma atmosfera absolutamente cristã, tanto que tatuou o nome de Jesus, e preserva muito o autocontrole, sempre necessário, e a humildade, o que é ainda mais necessário para uma estrela de tal quilate.

"Não sou budista, não sou hindu, não sou cristã, todavia, sinto que tenho uma profunda conexão com Deus.

Oro o tempo todo por autocontrole e humildade […] Há muita gratidão n'Ele. Basta dizer 'muito obrigado'. Às vezes, é melhor que pedir as coisas", declarou.

Já deu para sentir um pouco do que aqueles olhos azuis conseguem enxergar, não?

4
Vamos falar de música?

Katy faz música para dançar. Sim, é claro que tem aquelas que você ouve e consegue ficar sentado, mas a maioria é de fazer o chão tremer... Não é por acaso que a atmosfera de seus shows seja tão contagiante!

A discografia da musa enche os olhos de qualquer um. São canções tocantes, e com letras que inspiram tamanha força, beleza e magia, que agradam pessoas de várias idades.

A voz de Katy leva um pouquinho de interpretação, o que a torna mais que uma simples cantora. Além disso, ela é estonteante! Tem um corpo de dar inveja e sabe usá-lo muito bem, pois canta, dança e usa figurinos que a transformam em personagens – e fica bem em todos! –, e brinca com a atuação, fazendo tanto o que pode chocar como o que pode agradar. Quando termina o show, todos ficam inebriados com o poder da voz da doce menina de Santa Bárbara.

Seu primeiro álbum, porém, não foi lançado sob o nome de Katy Perry, mas sim de Katheryn Elizabeth Hudson, seu nome de batismo. Nesse álbum, Katy cantou apenas música gospel e o disco vendeu cem cópias, o que levou a gravadora Red Hill a fechar as portas. Contudo, hoje, esse álbum deve valer uma fortuna para colecionadores.

Para qualquer cantora, vender apenas cem cópias talvez fosse motivo para encerrar a carreira, mas não para essa incrível mulher, que progrediu depois e conseguiu o que queria. Aliás, "depois" é uma maneira gentil de dizer "bem depois", porque foi somente depois de cair, depois de quebrar a cara, depois de perder dinheiro, depois de ficar meses longe de casa... Enfim, foi só depois de passar por aquele caminho tortuoso que se costuma passar antes de alcançar algo grandioso, que ela conseguiu vencer.

Katy foi contratada e despedida por diversas companhias musicais até obter sucesso. Isso acontecia com tanta frequência que ela sentia até vergonha de contar seu histórico quando entrava em uma nova gravadora. No entanto, o sucesso só veio com a Capitol Records.

Em 2007, ela mudou seu nome para Katy Perry (será que os astros ajudaram? Veremos isso adiante!) e lançou o álbum *One of the Boys*, que, para a surpresa dela e da sua equipe, ficou entre as 20 primeiras posições em 16 países e vendeu 3 milhões de cópias ao redor do mundo. Nada mal diante do histórico de vendas do seu primeiro CD.

Algumas canções desse trabalho, como "I Kissed a Girl", "Hot N Cold", "Thinking of You" e "Waking Up in Vegas", foram lançadas como singles.

Foi então que as coisas mudaram definitivamente para Katy. As duas primeiras músicas do álbum atingiram a primeira colocação em várias listas e todas as quatro foram certificadas como discos de platina pela Associação Brasileira dos Produtores de Discos (ABPD). Suas atitudes incansáveis fizeram com que, em 2009, ela gravasse seu primeiro álbum ao vivo, no MTV Unplugged.

A partir de então, as coisas começaram a ganhar forma e foram acontecendo com uma velocidade incrível, algo perfeito para quem tinha pressa de ter sucesso. Ela foi convidada para cantar com o rapper Timbaland, formando parceria na música "If We Ever Meet Again", e logo produziu seu terceiro material de estúdio, que foi lançado em agosto de 2010, atingindo a primeira colocação em vários países. O álbum *Teenage Dream* ganhava contornos de um trabalho de estrondoso sucesso, e ela começou a colher os louros.

Os cinco primeiros singles do álbum – "California Gurls", "Teenage Dream", "Firework", "E.T." e "Last Friday Night (T.G.I.F.)" – chegaram ao topo da Billboard Hot 100, batendo recordes.

Assim, Katy Perry se tornara a única mulher com um disco a ter um número tão grande de canções em primeiro lugar nos Estados Unidos – quem já tinha chegado lá era ninguém menos que Michael Jackson, com *Bad*, em 1987.

Em outubro de 2013, ela lançou seu quarto álbum, *Prism*, que hoje soma aproximadamente 10 milhões de cópias vendidas, tendo comercializado 74 milhões de faixas mundialmente pela internet.

CONHECENDO AS MÚSICAS DE KATY PERRY

"I KISSED A GIRL"

Certamente, você já se pegou cantando essa música sem nem saber a história dela, não é mesmo?

O hit "I Kissed a Girl", interpretado exaustivamente por dezenas de artistas pelo mundo afora, foi o pontapé inicial da carreira de Katy. É muito provável, a grande sacada seja ter começado com uma polêmica. Mas quem não iria olhar com atenção para aquela morena exuberante dizendo que gostou de beijar outra mulher?

Pois bem, o primeiro hit de sucesso de Katy Perry foi também sua canção mais polêmica e picante. "Eu beijei uma garota e gostei do gosto do seu brilho labial de cereja" tornou-se um hino na boca de milhões de norte-americanas nos dois meses em que esteve no topo das paradas dos Estados Unidos. Enquanto os pais decidiam se suas filhas poderiam ouvir Katy Perry (sim, ela fez com que as famílias cristãs, como a dela, pensassem duas vezes antes de liberar a canção para as meninas), descobriam que ela também era uma garota com criação cristã e que, inclusive, já lançara um CD com músicas gospel. Aí, ninguém conseguia entender tamanha mudança. Era demais para os norte-americanos.

Enquanto os censores da moral e dos bons costumes desaprovavam a letra, Katy também era atacada pela comunidade gay, que, em vez de apoiá-la, dizia que ela estava apenas se promovendo através de uma música, já que não era lésbica nem fazia parte do movimento.

Como se sair bem dessa, quando sua primeira música não agrada nem a gregos nem a troianos?

Foi então que se iniciou um marco na carreira da intérprete. Afinal, Katy cantava ou interpretava suas canções? Quem a visse nos palcos, de corpo e alma, apostaria que era mesmo uma jovem que adorava beijar outras garotas, mas quem a conhecia fora dos palcos sabia que aquela dúvida sempre ficaria no ar, pois ela era sim do tipo que beijaria outra menina no palco só para conseguir alguns flashes ou deixar todo mundo pensando sobre sua orientação sexual.

Fã declarada da cantora Madonna, outra artista provocadora e cheia de letras escandalosas, Katy via-se no epicentro de um escândalo da mesma magnitude daqueles causados por sua diva, quando cantara "Material Girl" ou "Papa Don't Preach". "Madonna abriu caminho para a minha geração", declarou Perry em entrevistas, sem nem imaginar que, naquela época, sua musa já a assistira no YouTube.

Tendo começado a carreira como cantora gospel, ela via na música uma maneira de transmitir seus valores, e chocava ao entoar "I Kissed a Girl". Chocava inclusive os próprios pais, que desaprovavam seu comportamento nos palcos.

No livro *Katy Perry, a vida da nova rainha do pop*,[2] a autora, Chloe Govan, conta a história de como a letra da música foi construída, e vale ler cada página se você quiser uma introdução profunda da infância e adolescência de Perry. Chloe conta que Katy já tinha algumas ideias, e sonhara com um beijo lésbico alguns meses antes, sendo seu desejo incorporá-lo a uma música.

"'I Kissed a Girl' surgiu como uma ideia na minha cabeça", disse Katy à *BBC News*. "O refrão apareceu na minha cabeça quando acordei. Foi um daqueles momentos em

---

[2] Também publicado pela editora Universo dos Livros. (N.E.)

que você ouve artistas falando sobre músicas que surgiram em seus sonhos ou no meio da noite", revelou. De acordo com a cantora, a música seria sobre a beleza inegável das mulheres, focando na atração intensa que ela sentira por uma amiga quando era adolescente.

"Eu era obcecada por ela, fazia tudo o que ela fazia. Não conseguia acreditar que uma pessoa pudesse ser tão delicada, suave e bonita e sequer ter de se esforçar para isso. Acordava pela manhã e era resplandecente. Ela estava sempre na minha cabeça como figura daquela beleza icônica", revelou a cantora, explicando a música repleta de polêmicas.

Segundo Katy, uma curiosidade quase inocente a inspirara a escrever a canção, e assim ela passou a curtir e a imaginar o toque, o cheiro e o perfume dos lábios da amiga. "Todas temos muito medo do primeiro beijo", contou ao *The Times*, e justificou: "Por isso, às vezes, sonhamos com beijos em garotas".

"HOT N COLD"

Quem nunca teve um amor indeciso?

Com uma letra genial e um clipe inusitado, Katy Perry entrou em cena com "Hot N Cold", fazendo aquilo que mais gosta: encenar cantando. E a encenação não só agradou fãs, como também levou outras meninas a seguirem-na. Ela tinha muita coisa interessante a dizer; ia muito além do beijo em garotas.

A música, que agradou em cheio as fãs, fala de um amor bipolar, sempre oscilando entre quente e frio, e mudando de emoção como mulheres trocam de roupa. "Você quer, depois não quer. Você está quente e depois está frio" – foi com essas colocações que ela ilustrou a canção com um videoclipe arrebatador, que consagrou o sucesso da música.

Dirigido por Alan Ferguson, o clipe mostra Katy vestida de noiva, ansiosa pelo momento em que o padre irá perguntar ao noivo se ele aceita se casar com ela. Então, uma pausa. Os movimentos do rapaz indicam que ele está em dúvida; na verdade, apavorado com o casamento que pode acontecer.

Assim, antes de dizer o "sim", ele sai correndo, e ela, de bicicleta, faz uma perseguição implacável e cômica, interpretando o papel de uma daquelas mulheres perturbadas, que não deixam o namorado em paz. Para esconder-se, ele vai a uma balada, mas lá está ela, dançando. E quando ele é encurralado, lá está ela, de noiva, com outras noivas cantando ao seu redor. O noivinho em fuga pega o celular e é surpreendido novamente por Katy, que o avisa que deve procurar um médico por ser bipolar. Bipolar ou não, o fato é que milhões de norte-americanas gostaram da ideia de rotular alguns casinhos como "indecisos" – aqueles típicos namorados que aparecem e somem de vez em quando, ou que não sabem o que querem da vida.

"Hot N Cold" debutou na Billboard Hot 100 e chegou a ocupar a segunda posição na loja virtual do iTunes. A canção foi *top 5* em vários países do mundo, incluindo Reino Unido, Alemanha, Canadá, Irlanda e Nova Zelândia, chegando à terceira posição da Billboard Hot 100. Também foi certificada com quatro discos de platina, por vender mais de 4 milhões de cópias só nos Estados Unidos.

Expressando muita coisa atual, e trazendo genialidade ao clipe, Katy acertou em cheio o coração das mulheres que se viam às voltas com relacionamentos conturbados. A música cabe em tantas ocasiões, que foi fartamente utilizada para exemplificar romances vulneráveis, tendo sido, também, utilizada em uma paródia do filme *Crepúsculo*. O vídeo, que atingiu milhões de visualizações no YouTube, usa a música como fundo para descrever como Edward se comporta em relação a Bella no início do envolvimento dos dois. Nada mal, hein?

"THINKING OF YOU"

A música foi qualificada como "deprê", ainda que a voz da cantora fique ainda mais bonita em músicas lentas. A verdade é que o clipe acabou fazendo mais sucesso do que a própria música, situação que não é rara em tempos de internet. Com mais de 70 milhões de visualizações no YouTube, o clipe de "Thinking of You" impressiona por ser tão comovente e bem produzido.

Katy sabe entregar-se àquilo que faz e toca a alma de quem a escuta. Uma cantora que se comporta muito bem diante das câmeras e arranca elogios dos diretores com os quais trabalha. Perfeccionista como é – uma característica interessante, aliás –, ela se esforça para sempre atingir o melhor de si, e tal clipe é prova disso. Ele narra a história de uma mulher apaixonada, que encontrou o amor de sua vida. No entanto, ele vai embora para lutar na guerra. Ela sente-se solitária e, enquanto está com o namorado novo, pensa no ex, relembrando todos os momentos que passaram juntos. Esse namorado que ela não consegue esquecer morre na Segunda Guerra Mundial, e ela anseia por encontrá-lo, mesmo sabendo que é impossível. Apesar de ter tido um baixo desempenho nas paradas musicais, a música emociona e foi a própria Katy quem escreveu a canção, do começo ao fim.

Vale lembrar que, mesmo sem ter ido para o topo das paradas nos Estados Unidos, a música "Thinking of You" foi um sucesso estrondoso no Brasil, porque figurou como tema de um relacionamento amoroso na novela *Caminho das Índias*, exibida pela Rede Globo em 2009.

"WAKING UP IN VEGAS"

"Waking Up in Vegas" foi a terceira canção de Katy a ficar entre as dez mais pedidas dos Estados Unidos. Narrada em Vegas, a letra conta uma aventura de uma noite nos cassinos, onde ela aproveita, ganha dinheiro e se diverte com um amigo.

Uma curiosidade que poucos sabem é que a cena do casamento de "Waking Up in Vegas" foi inspirada em uma noite em que Katy teve um falso casamento aos 18 anos, em Las Vegas, com seu melhor amigo da época.

"CALIFORNIA GURLS"

Uma Katy sensual e provocante, uma menina em um universo de fantasia. Quem é Katy Perry? A cantora brinca com todas as suas facetas no clipe "California Gurls", música que, logo após o lançamento, alcançou o primeiro lugar absoluto nas paradas norte-americanas. A letra fala das garotas da Califórnia, e as inesquecíveis visões de shortinhos e biquínis, encantadoras, puras e ardentes, ocasionadas por elas. E conta com a participação do rapper Snoop Dogg.

O single vendeu mais de 12 milhões de downloads e esteve entre os mais vendidos do ano de 2010. A música só foi lançada como single após ter trechos vazados na internet, provando o poder da web na influência de lançamentos.

Katy diz que o Estado da Califórnia sempre influenciou sua música por motivos óbvios, pois nasceu em Santa Bárbara, mas que, depois de ouvir uma música de Alicia Keys e Jay Z chamada "Empire State of Mind", ela quis fazer algo que ressaltasse o que a Califórnia tem de melhor, em sua visão.

Todos estavam segurando seus drinques no ar e dançavam, e eu pensei: "Não estamos em Nova York, estamos em Los Angeles! E a Califórnia? E todos os garotos, as palmeiras, as peles bronzeadas?". Decidi que precisávamos de uma resposta. Eu quero que as pessoas comprem uma passagem para a Califórnia assim que ouvirem a música pela primeira vez.

Foi então que ela resolveu procurar algum rapper que também tivesse nascido na Califórnia para ajudá-la e, no Google, encontrou o aclamado Snoop Dogg, que sem pestanejar convidou para a empreitada. Katy ainda avisou através do Twitter que o clipe desse trabalho seria o mais colorido de sua carreira, mas ninguém imaginava que seria tão impactante.

Provocativa, ela responde às críticas negativas: "Ok. Não é genial, não é minha obra-prima, mas é contagiante pra caramba". Entretanto, Katy também teve críticas muito boas, ainda que tenham sido um pouco inesperadas. O *USA Today* disse que a música era um "brinde efervescente para a diversão do verão", e Nick Levine, do *Digital Spy*, considerou "California Gurls" como "uma enorme e cativante diversão".

"California Gurls" foi classificada como a primeira música no Top Music Chart, que seleciona as cem músicas mais baixadas, e foi eleita a música do verão americano em 2010 – aí percebe-se a potência da menina de Santa Bárbara em contra-ataque aos nova-iorquinos.

O videoclipe foi um sucesso à parte. Katy quis utilizar suas lembranças da infância e adicionar um toque de sedução, então, foi construída uma atmosfera diferente do que se esperava em um clipe sobre a Califórnia. Kate diz: "Nesse clipe, é como se o mundo fosse o tabuleiro de um jogo chamado Candy Land. Não é como se dissessem: 'oh, vamos fazer uma festa na praia e aproveitamos para filmar o videoclipe'. Seria mais uma afirmação do tipo: 'vamos colocar um mundo totalmente diferente no video'."

O projeto teve referências claras ao filme A *Fantástica Fábrica de Chocolate* e de *Alice no País das Maravilhas*, tornando-se um ícone do YouTube, já com milhões de visualizações logo nos primeiros dias de exibição.

Para a concretização do hit, primeiro colocaram Katy e Snoop em um estúdio com *chroma key* ao fundo, o que permitiu a substituição por efeitos especiais. O responsável pelo conceito e pelo design foi Mathew Cullen, junto do diretor artístico Will Cotton, conhecido por desenvolver obras relacionadas a doces e guloseimas. Havia unanimidade sobre o que não se queria no clipe. E o que não se queria? Um vídeo óbvio, com surf, praias e verão. Assim, começaram a surgir inspirações açucaradas para os cenários: algodão-doce, bombons, chicletes, cupcakes, pirulitos e sorvetes.

Para a surpresa de todos, Katy Perry fica absolutamente nua em cena, deitada sobre uma encantadora nuvem de algodão-doce. Segundo a cantora, apenas meninas e gays podiam entrar no estúdio na hora da cena, o que causou um alvoroço geral no dia da gravação.

A internet permitiu que esse clipe se tornasse um dos mais vistos da carreira de Katy e ganhasse diversas interpretações e comentários. Uma delas é que Katy estaria fascinada com a quantidade de doces oferecidos, que representavam o sucesso e a fama, em uma analogia com quando a cantora disse ter vendido a alma ao diabo, numa entrevista.

Mesmo causando polêmica – o tempero que todo mundo gosta na internet –, o sucesso foi absoluto.

"FIREWORK"

"Firework" é uma música típica de filme, e seu clipe reúne histórias de incentivo à superação de dificuldades, em que a luta contra os medos libera espaço para fazer brilhar a luz interior de cada um. Talvez por isso tenha sido classificada como um hino, ou uma música que facilmente tocaria em um tema das Olimpíadas, pois é realmente muito inspiradora.

Contagiante, a música deixa o coração iluminado e ganha força quando se canta junto.

"Firework" foi escrita por Katy em parceria com Mikkel Eriksen, Tor Erik e Sandy Wilhelm, tendo sido lançada como o terceiro single do álbum *Teenage Dream*, em outubro de 2010. Conhecida como um verdadeiro "hino de autocapacitação", como a própria Katy a intitula, foi considerada pela cantora como sua faixa preferida e a mais importante do disco. Todo fã que se preze acaba sabendo a música de cor. E, pelo que se viu no Super Bowl 2015, quando um estádio inteiro cantou junto durante o intervalo, percebe-se que os fãs de futebol americano também foram atingidos pelos encantos de Katy.

Além de ser contagiante e extremamente dançante, "Firework" foi um sucesso absoluto também em termos comerciais: como primeiro lugar na Billboard, ganhou 5 discos de platina e vendeu 500 mil downloads assim que foi lançada.

É a minha canção favorita do álbum, porque mostra realmente quem eu sou atualmente e a mensagem que quero enviar às pessoas, de modo que esperamos que seja encorajadora. E, para mim, eu sempre estive em busca de uma música que realmente me fizesse crescer, sem ser muito "cafona". "Firework" é como um hino, e isso também fala sobre fazer as pessoas ficarem surpreendidas. E eu quero surpreender as pessoas.

Em 2010, Katy confessou em público que a letra de "Firework" tinha sido inspirada por um trecho do livro *On the road – Pé na estrada,* de Jack Kerouac, que confessava um desejo de querer estar perto de pessoas que estavam "zumbindo e efervescendo". "Acho que é por isso que escrevi 'Firework'; porque realmente acredito nas pessoas, acredito que elas têm uma faísca que pode explodir como fogos de artifício. [...] Muitas vezes, somos só nós que estamos no caminho para alcançar objetivos e cumprir o destino, sendo assim a melhor versão do que poderíamos ser. É por isso que escrevi a canção", explicou a cantora em uma entrevista tão inspiradora quanto profunda.

A letra começa questionando se "você já se sentiu como um saco plástico flutuando pelo vento, querendo começar de novo" e prossegue, afirmando que "você sabe que ainda tem uma chance, porque há uma faísca em você, e que só é preciso acendê-la e deixá-la brilhar".

A música ganhou muitas análises positivas, e foi tida como uma canção para motivar confiança e determinação, e o clipe emociona, pois narra desafios reais de pessoas que superam a si mesmas a cada dia.

Em suas observações sobre *Teenage Dream*, Bill Lamb, do *About.com*, escreveu que a canção "pode ser esmagadora [...], é um hino que visa aumentar a autoestima de maneira direta"; e, em uma análise mais detalhada, referiu-se à música como uma "grande e cativante melodia; destinada a fazer todos os ouvintes sentirem-se bem".

As filmagens do clipe aconteceram em Budapeste e contaram com a participação de 250 fãs da cantora. Dave Meyers, que dirigiu a produção, comentou sobre o estilo da cantora: "Eu queria brincar um pouco com a imagem dela [...] alterar o conceito de ícone do pop doce e colorida que ela se tornou. [...] Eu tinha em mente um roteiro que a desconstruiria um pouco, mas depois que o videoclipe de "Teenage Dream" foi lançado, vi que ela foi desconstruída por inteiro. Então, tive de mudar um pouco de rumo. Mas, na verdade, foi fácil, porque eu me comuniquei com a música".

O que ele diz a seguir tem muito a ver com a filosofia de Perry, de ser você mesmo, não importa o que aconteça: "Queríamos articular o significado dessa música, mostrar o que significa ser um perdedor e, mesmo se você estiver às margens da sociedade, ter a coragem de ser você mesmo. [Katy Perry e eu] estávamos persistentes na ideia de passar longe de Hollywood, para trabalhar com pessoas reais".

Para ter pessoas reais, o diretor e a cantora logo pensaram na possibilidade de contar com os fãs. "Seria uma revolução", disse o diretor, "mas daria muito mais sentido a tudo. Nós caracterizamos pessoas reais, que não eram atores, para participar do clipe. Encontrar dois rapazes gays em Budapeste foi um desafio, porque lá a homossexualidade não é tão aceita como em Hollywood [...] Já a garota do vídeo não estava doente de verdade, mas tivemos que raspar a cabeça dela – e quando se é uma jovem de

11 anos de idade, isso é um grande compromisso! O compromisso das pessoas foi realmente lindo [...] E então, na última cena, não foram 250 figurantes, mas 250 fãs incondicionais. Essas pessoas começaram a pular, porque amam a vida", contou.

A ideia seria mostrar personagens inspiradores, pessoas com qualquer tipo de problema que pudessem perceber que existe uma luz dentro delas – uma luz que pode ser libertada como fogos de artifício, e essa libertação acontece à medida que elas vão encontrando seus poderes pessoais.

"E.T."

Já mencionamos que Katy Perry, de fato, acredita em alienígenas. Mas a abordagem desse tema não está necessariamente relacionada ao que Perry acredita ou não, pois grandes artistas como ela podem trabalhar com qualquer assunto, seja ele polêmico ou não. Concordam?

"E.T." foi uma verdadeira obra-prima de ficção. E não estamos nos referindo ao filme de Steven Spielberg, mas ao inacreditável vídeo lançado por Katy Perry para a divulgação da canção, no qual ela acrescenta elementos de filmes de ficção científica para dar ainda mais sabor ao que chamamos de arte. A música foi lançada como o quarto single de *Teenage Dream* e, mais uma vez, lançou polêmicas, como o fato de a cantora perguntar ao presidente dos Estados Unidos o que ele pensava a respeito do assunto.

A música foi composta por Dr. Luke, Max Martin e Ammo, mas Perry também ajudou a escrevê-la, e seus fãs foram unânimes em dizer que contrastou, e muito, com as obras anteriores da artista. Muita gente declarou nem ter ouvido a música, por conta dos comentários que corriam...

O rapper Kanye West também surgiu como parceiro da cantora na canção, dividindo a opinião dos críticos. Mesmo assim, para lavar a alma e mostrar que Katy é poderosa nessa e em outras galáxias, a faixa atingiu o topo nos quadros da Billboard, tornando-se o quarto single de Katy a atingir o pódio.

A ideia de escrever uma música futurista, meio alienígena, foi da própria Katy, mas o videoclipe ganhou o tom de filme de ficção graças à diretora Floria Sigismondi, conhecida por caprichar nesse tipo de produção, e mais famosa ainda por vincular-se sempre a trabalhos bem extravagantes.

No vídeo, Katy representa uma alienígena que, em busca de vida, aterrissa em um planeta Terra aparentemente desabitado. Então, intercalam-se cenas de plantas e animais como flashes de memória, e o alien ganha a forma humana de Katy, que desce da atmosfera até a superfície do planeta e dá um beijo em um robô, que se transforma em homem. Enquanto isso, o rapper West se destaca no vídeo, flutuando em uma nave a vagar pelo espaço.

O resultado foi impressionante e chamou atenção particular à maquiagem e ao figurino estrelados por Katy, deixando os fãs saudosos do sucesso de bilheteria *Avatar*, filme dirigido por James Cameron.

"LAST FRIDAY NIGHT (T.G.I.F.)"

Quando Katy Perry começou a estampar capas de revistas e estourar nas paradas de sucesso norte-americanas, ninguém, nem mesmo os críticos, duvidavam de sua ousadia e bom humor. Na música "Last Friday Night (T.G.I.F.)", então, ela prova isso de uma vez por todas, se é que ainda restavam dúvidas.

Diferente de outras cantoras, Katy nunca teve medo de parecer ridícula nem de ser julgada por se fantasiar de uma personagem como *Betty, a Feia*. Perry conta que, certa vez, correu pelada em um parque depois de uma festa, e que isso a inspirou na composição da música. Ainda que poucos acreditem que ela tenha sido mesmo capaz dessa loucura, ela jura que o fez e que, no dia seguinte, essa experiência se transformou em música.

"Não há nada melhor do que uma festa de dança improvisada com os amigos. Minha música 'Last Friday Night (T.G.I.F.)' é uma canção sobre libertinagem, pois já tive noites como essa em Santa Bárbara. Fomos para um lugar chamado Wild Cat e ficamos loucos [...] Tomamos cerveja e dançamos até morrer. Então, trouxemos a festa de volta para o quarto do hotel [...] A maior parte da música é verdadeira, menos o *ménage à trois*... infelizmente! Mas a nudez no parque, sim, foi o que nós fizemos, então tivemos de escrever uma canção sobre isso no dia seguinte."

O Wild Cat é uma das baladas mais vibrantes da vida noturna de Santa Bárbara, um recanto de jovens que gostam de dançar e se divertir, que acabou tornando-se ponto turístico na Califórnia.

"T.G.I.F.", termo usado para abreviar a expressão "Thank God It's Friday", significa "Graças a Deus que é sexta-feira". Segundo a coautora da música, Bonnie McKee, a canção é uma descrição da viagem que fizeram a Santa Bárbara, e que por isso ama a música. "É muito brega e divertida, o que me deixa nostálgica", conta.

Na capa da edição remix de "Last Friday Night (T.G.I.F.)", a cantora aparece caracterizada como uma nerd, com aparelho ortodôntico, óculos e tudo o mais, assim como no clipe oficial da música, que foi gravado na casa do ator John Schneider.

Dirigido por Marc Klasfeld e Danny Lockwood, o videoclipe conta com a participação da cantora Rebecca Black, que interpreta a melhor amiga de Katy Beth Terry, personagem de Perry. Também marcam presença os atores Darren Criss, Kevin McHale e Corey Feldman, além do saxofonista Kenny G, da cantora Debbie Gibson e da banda Hanson. Klasfeld diz que o enredo foi influenciado por *Gatinhas e Gatões* e por filmes de colegial dos anos 1980. "E a Katy dominou o papel", salientou. "Ela mergulhou nele e fez mais do que pedimos, além de se divertir muito, é óbvio. Parece uma estrela da Disney".

A história é mais ou menos assim: Katy, aconselhada pela amiga Rebecca, acaba dando uma festinha em sua casa quando os pais viajam e, ao acordar no dia seguinte, percebe tudo o que aconteceu na noite anterior, pois um dos convidados abre a porta do seu quarto e a parabeniza pela festa, dizendo que foi a melhor de todos os tempos. Então, ao acessar a internet, ela vê fotos do que rolou e, chocada, se vê lambendo a barriga de alguém, o que lhe traz uma amarga e deliciosa memória do que fora capaz de fazer. O ponto alto do clipe é quando tiram o aparelho de Katy e fazem depilação com cera nela (na verdade, usaram mel!) – tem como não amar Katy depois de assistir esse clipe e chorar de tanto rir?

O vídeo é tão surreal que mais parece um sonho. Com Kenny G tocando saxofone no telhado e meninas dançando com o jogo *Just Dance* enquanto os Hanson se tornam as estrelas da casa, tocando no quintal. A pequena nerd parece se arrepender de seus feitos, mas não resiste a um sorrisinho ao constatar que tem um homem nu em sua cama!

No entanto, alguns veículos de comunicação acharam tudo muito exagerado, mas não há pecado no mundo do entretenimento, apenas a garantia de boas risadas.

No Twitter, antes de divulgar o vídeo, Katy fez suspense e provou que seus seguidores sabem o que fazem. Disse que o vídeo ia "bombar", e a expectativa dos fãs foi parar no *trending topics* mundial. A divulgação do *teaser* ocorreu em seu canal oficial no YouTube em 7 de junho de 2011.

PRISM (ÁLBUM)

Prism é o quarto álbum de Katy. Lançado pela gravadora Capitol Records, tornou-se um sucesso imediato quando as músicas "Roar", "Unconditionally" e "Dark Horse" ganharam as rádios e a internet.

Para Katy, o importante na vida é viver experiências que a façam ter inspiração para escrever. Depois do divórcio com Brand, ela precisava de um tempo para criar algo novo, e até comentou que sua música estaria muito sombria e pesada. Coisa que acabou não acontecendo.

"Você nunca vai ver o meu rosto, porque o meu cabelo vai estar na frente", comentou na época de transição, quando ainda não sabia que tipo de música produziria depois do divórcio. Mas nada como o tempo para mudar a perspectiva das coisas.

"Eu, finalmente, deixei a luz entrar; então, pude criar as músicas que foram inspiradas por esse acontecimento e fazer uma reflexão, trabalhando apenas em mim mesma", revelou, depois de algum tempo. E, declarando que sabia exatamente o que queria para o disco, disse: "Sei a arte, a cor, o tom. Sei como será a próxima turnê. Se tudo que imagino for cumprido, será excelente". Por fim, definiu seu tom como "esquizofrênico".

"Quando digo à gravadora que quero lançar um álbum, a corrida começa. É o momento em que coloco pressão em mim mesma", contou. "Como uma equipe, temos alguns pontos fortes: com o Max, é a escolha de melodias; com o Luke, a produção; e eu sou a líder e a melodia. Trabalhar com Bonnie McKee é como uma sessão de abuso emocional; nós duas discutimos como se estivéssemos em um ringue lutando pela melhor letra."

Em entrevistas, a intérprete disse que, em *Prism*, estava olhando para a frente e tinha muito a dizer com o material que trouxe a público: "Imagino que meu próximo álbum talvez seja um pouco mais do que uma aventura artística, mas não significa que eu esteja sabotando a mim mesma e ainda pensando: 'vou fazer algo maluco que ninguém vai entender'".

"ROAR"

Como já é de nosso conhecimento, "Roar" foi lançada no quarto álbum da cantora, o *Prism*. Foi composta por Katy, Dr. Luke, Max Martin e Cirkut. Após o lançamento, Perry divulgou um vídeo no qual é vista digitando mensagens de texto com as letras da música para seus amigos em um iPhone.

"Roar" é tida, hoje, como um "hino de poder" no qual a cantora defende que devemos descobrir o poder que há em nós mesmos. A abordagem é um pouco diferente da usada em "Firework", mas o poder promovido pela artista é o mesmo.

Diante de uma letra que ostentava mensagens como "eu tenho olhos de tigre, sou uma lutadora, danço no fogo porque sou uma campeã e você vai ouvir o meu rugido", muitos afirmaram que tenha sido uma resposta ao divórcio, demonstrando como ela foi capaz de reinventar-se após o término do casamento.

Eu compus isso porque já estava cansada de guardar todos esses sentimentos e não falar por mim mesma, o que causou um grande ressentimento. [...] Obviamente, eu venho fazendo bastante terapia desde o meu último disco e é sobre isso que ele fala.

No clipe da música, que inicia com uma referência ao mundo da animação, Katy sai de um avião destruído em uma ilha deserta, onde encontra vários animais selvagens. Um tigre ataca o piloto da aeronave, deixando-a sozinha e, quando ela menos espera, encontra-se à noite, rodeada por olhos de tigre. Em vez de se deixar abater, Katy enfrenta a situação adversa com bravura, fazendo alusão à descoberta de seu "tigre" interior.

"Roar" tornou-se um ícone e uma música difícil de esquecer. Dançante, possui um ritmo que contagia e uma letra vibrante, e foi a primeira a ser apresentada no intervalo do Super Bowl, em 2015. Nesse sensacional evento, a cantora invadiu o intervalo da final do campeonato enquanto estava montada em um tigre dourado, e sem a menor sombra de dúvida fez o estádio tremer.

DUETO: "WHO YOU LOVE"

Quando Katy Perry e John Mayer surgiram juntos no clipe de "Who You Love", os fãs ficaram em festa. O casal romântico tinha tanto a celebrar, que pouca gente prestava atenção na letra melosa. Era difícil resistir às vozes dos dois juntinhos. Foi o próprio casal que compôs a música, e John afirmou aos jornalistas que sua intenção era escrever uma canção melódica sobre a aceitação de quem se ama.

Eu, imediatamente, pensei em Katy e na sua voz. É uma personalidade artística para se ter consigo. Foi realmente uma oportunidade divertida para ela escrever. Então, você tem esses dois lados do relacionamento, que são brutalmente honestos e universais.

— John Mayer.

"DARK HORSE"

Apesar de não haver unanimidade entre os críticos, "Dark Horse" é uma das canções de *Prism* que mais agradou aos norte-americanos. A música contou com a participação do rapper Juicy J e foi composta por Katy e Juicy, juntamente a Max Martin, Dr. Luke, Henry Walter e Sarah Theresa Hudson.

O anúncio de "Dark Horse" não poderia ter sido mais glamouroso – foi feito por meio de um caminhão dourado, que continha o nome da artista e a data de edição do projeto. A Pepsi fez uma promoção com a cantora para divulgar o single na MTV. Desse modo, os fãs puderam desbloquear títulos, letras, amostras das faixas e afins pelo Twitter.

A cantora diz que a música tem sabor de hip-hop urbano, mas que os versos são obscuros e enfeitiçados. Os diretores ficaram impressionados e não dispensaram elogios à cantora, confirmando que ela trabalhou muito bem durante a produção. Nos arranjos, acertos, mesa de som, é ela quem comanda o que deve ser feito, de modo que as coisas se encaixem perfeitamente.

Embora tudo parecesse correr bem, "Dark Horse" está no centro de uma polêmica: o rapper Marcus T. Gray assegura que foi plagiado e abriu um processo contra Katy.

Segundo o advogado de Gray, uma música de sua autoria, denominada "Joyful Noise", fora descaradamente copiada. O rapper diz que soube disso através de sites, que fizeram a comparação e o informaram. Como o clipe alude à bruxaria, ao paganismo e à magia, T. Gray diz ter se sentido desconfortável e pediu indenização em dinheiro. Além disso, a primeira versão do clipe de Katy também trouxe dor de cabeça aos produtores, pois mostrava um colar islâmico sendo queimado – a cena gerou a revolta de 60 mil pessoas, que pediram que o vídeo saísse do ar. Assim, uma nova versão foi gravada, na qual se queimava outro objeto e não mais um colar islâmico.

PALAVRAS DE KATY

Katy Perry, que hoje é uma das figuras mais prestigiadas dos Estados Unidos, permanecendo por 52 semanas em primeiro lugar na Billboard americana, declara que não se perde por fofoca nem se deixa abalar pelo que dizem a seu respeito.

Ela mesma se descreve como "muito esquisita", mas que se sente como uma pessoa normal, e suspira ao comentar que sua maior realização pessoal veio do trabalho, no momento em que percebeu como era incrível saber que concretizar sonhos é possível.

"Muitas dessas músicas são o meu diário. Tenho somente que me conectar com a intimidade das pessoas", alega Katy, que sente que seus fãs curtem o seu trabalho porque se identificam, e quando a ouvem, pensam: "Nossa, ela é como eu!".

Veja o que mais ela diz:

"Quando entro no Twitter e vejo os *replies* e as respostas das pessoas que me seguem [mais de 21 milhões de seguidores], percebo que tenho de fazer tudo com integridade e respeito."

"Não sou de falar o que os outros têm de fazer. Cada um tem escolhas individuais. Sei que tenho responsabilidades. Sou um grande dominó. Se eu cair, muita gente cai atrás de mim."

"Tenho de ser honesta. Não preciso ser perfeita."

"Para ser bem-sucedido, basta ser você mesmo."

"Eu vim de lugar nenhum. Não tinha conexões, não tinha dinheiro. Só vontade."

"É bom quebrar barreiras."

"Na música, sou o que escrevo."

"Tenho o estilo sempre mutante."

"Quando fico entediada, mudo até a cor do cabelo."

"Adoro os anos 1940."

5
Katy no mundo das celebridades

KATY PERRY *VERSUS* MILEY CYRUS

Desde que começou a carreira, Katy dizia que queria repetir com Miley Cyrus o beijo histórico que Madonna e Britney Spears protagonizaram. Essa declaração ia e vinha nas entrevistas que dava para os jornais logo que lançou o hit explosivo sobre o beijo entre duas mulheres, que confessou ter sido fruto de um sonho.

Quando o beijo aconteceu, repercutiu feito uma bomba atômica. Quem estava no palco era Miley, na Bangerz Tour, em Los Angeles, e Katy estava na plateia VIP ouvindo a canção "Adore You". Miley, então, se aproximou da beirada do palco e chamou sua colega, de modo provocante. As duas trocaram um selinho, que foi motivo para Miley dizer que tinha beijado uma garota e gostado, assim como Katy. Para apimentar a história, Katy postou no Instagram uma foto do beijo com a legenda "Adore You", que se tornou a música-tema do beijo mais falado da internet no dia seguinte.

O que ninguém sabia era que o tal beijo ainda seria motivo de briga entre as duas. Mesmo que alguns afirmem tratar-se de uma jogada de marketing e ninguém confesse a verdade, a questão é que Katy alegou em uma entrevista para a MTV australiana que sua intenção era dar apenas um selinho. "Eu fui para a frente, para dar um beijo amigável, de menina. Então, ela meio que tentou mexer a cabeça e ir mais fundo, e eu saí. Só Deus sabe onde aquela língua esteve", confessou, alfinetando Miley.

Miley não deixou por menos e rebateu no Twitter, deixando os fãs eufóricos: "Garota, se você está preocupada com onde as línguas estiveram, é bom que o seu ex seja EX mesmo, porque TODOS sabemos onde AQUELA língua esteve", referindo-se a John Mayer. "Não aja como se não tivesse gostado."

E como as coisas no universo do Twitter são muito rápidas, Katy retrucou: "@MileyCyrus Oooh, garota, vou te dar a maior surra quando te encontrar no Reino Unido, baby!". A troca de farpas foi suficiente para que as declarações parassem nas manchetes do dia seguinte, estampando as capas das revistas de fofocas, que anunciavam uma tal briga entre as cantoras.

No entanto, quem as conhece, sabe que estavam brincando. Em um evento, em meados de 2015, foram fotografadas juntas, e Miley colocou a mão nos peitos de Katy para as fotos, enquanto a outra apalpava o seu bumbum – coisas que elas fazem para chamar a atenção da mídia. E dá certo.

KATY E MADONNA

Desde o início de sua carreira, Katy Perry não esconde de ninguém que é fã incondicional de Madonna. A resposta de qualquer um seria: "Claro, Madonna é uma diva e sempre foi ousada". Mas o que ninguém esperava era que a veterana dissesse que também era fã de Katy. E aí começou a troca de elogios.

Katy chamou a atenção de Madonna logo no começo da carreira, quando colocou na internet uma música chamada "Ur So Gay", que fora dedicada a um ex-namorado, claro. A repercussão foi polêmica. Na letra, ela dizia não acreditar que havia se apaixonado por um cara que usava mais maquiagem do que ela, entre outras coisas. Evidentemente, foi um sucesso absoluto entre as meninas, já que ela dizia "Espero que você se enforque com o seu cachecol da H&M. [...] Sou uma idiota porque não consigo tirar você da cabeça. E fico irritada porque você prefere ficar com o seu MySpace a ficar comigo".

Depois dessa e de "I Kissed a Girl", o tempero já estava pronto, e Madonna olhou para Katy como se visse um futuro para a garota. Tanto que não poupou elogios à novata em uma entrevista que concedeu, deixando a senhorita Perry ávida por mais. Se a própria Madonna estava elogiando seu trabalho, certamente seguiria em frente naquele estilo musical e no seu jeito único de ser.

O ponto alto da relação das duas foi o ensaio que fizeram juntas para a revista V *Magazine*. As fotos, clicadas por Steven Klein, ganharam fama na internet por gerarem polêmica. Madonna tinha certeza de que Katy era a pessoa ideal para acompanhá-la no projeto.

Ambas vestiram-se em um estilo "dominadoras *pin-up*", compondo um ensaio altamente provocativo e sedutor.

Katy, que estava de franjinha à la Bettie Page, também deu o que falar pois foram acusadas de plágio por causa do figurino.

Sempre em tom de brincadeira sacana, elas apimentaram ainda mais o ensaio com suas declarações polêmicas: "Fiquei com dor no corpo", disse Katy ao referir-se às posições em que precisara permanecer durante os cliques. Madonna não deixou por menos: "Meu pescoço está dolorido desde o momento maravilhoso em que estava com o seu calcanhar na minha boca".

Em janeiro de 2014, Madonna convidou Katy para se tornar curadora do seu projeto on-line, chamado *Art For Freedom*, que tem o objetivo de apoiar artistas a incluir vídeos, músicas, poesias e fotografias para expressar sua liberdade.

"Tenho muita sorte em poder expressar minha liberdade através da música. Agora, estou convocando todos os KatyCats a usar seus talentos e mostrar a Madonna e a mim como eles expressam sua liberdade", disse Katy em comunicado oficial. "Acredito que 2014 possa ser um ano para a mudança social. Juntos, poderemos lutar pelos Direitos Humanos. Una-se à conversa e deixe a arte ser a sua voz", encorajou.

"A arte pode mudar o mundo, mas, primeiro, precisa ser vista e ouvida. Katy Perry e eu pedimos a você que seja essa voz e nos mostre como você define a liberdade em 2014. Este ano trará mudanças monumentais para os Direitos Humanos, e queremos que você faça parte disso", convocou Madonna.

KATY *VERSUS* TAYLOR SWIFT

As baixarias entre Katy Perry e Taylor Swift ganham cada vez mais notoriedade. Parece que não passa de dor de cotovelo de Taylor, que vem sendo ofuscada pelo brilho de Katy. (Aqui tem sinceridade e língua afiada sim! Aprendemos com Katy!)

Primeiro, ela acusou Katy de roubar seus dançarinos, e como Katy não se abalou com essa acusação, Taylor continuou atacando. Então, cansada de ser pintada como vilã, Katy contra-atacou: "Se alguém está tentando me difamar, você vai saber", disse a morena californiana, que foi acusada pela loira de "sabotar sua turnê". No mesmo dia, Katy escreveu em seu Twitter: "Cuidado com as Regina Georges em pele de cordeiro", referindo-se à antagonista do filme *Meninas Malvadas*.

KATY *VERSUS* BRUNO MARS

Katy Perry não perdoa! Dias antes de seu show no Super Bowl, pediu dicas ao cantor Bruno Mars.

Não sabemos qual foi a resposta (mas conseguimos imaginar a partir do que vem a seguir), e Katy tornou pública a resposta que deu ao cantor:

"Olá, membro exclusivo do clube do Super Bowl! Estava pensando, se você estiver em L.A. este mês, se não gostaria de tomar uma xícara de chá com uma amiga que está prestes a vomitar de nervoso 🏈. Eu conheço seu processo pelo que ouvi de seus empresários, mas pensei que você, talvez, tivesse mais dicas para coisas importantes, como bronzeamento artificial na noite anterior ou três dias antes? Brincadeira. Ou talvez não!"

KATY *VERSUS* LADY GAGA

Nem Lady Gaga escapou das alfinetadas de Katy.

"Eu não sou do tipo louca que 'morreria pelos fãs'", disse Perry, citando quase que literalmente uma das frases famosas de Gaga. "Algumas pessoas são tão dramáticas sobre isso, tipo, 'sabe, não é como se você fosse o Juízo Final; você não passa de mero entretenimento!'."

KATY E RIHANNA

Como uma de suas melhores amigas, foi a cantora Rihanna quem organizou a despedida de solteira de Katy em Las Vegas, mas a relação das duas nem sempre foi flores pois também já foi alvo de polêmicas.

Quando perguntaram se fariam músicas juntas, Katy respondeu: "Não, mas nós vamos fazer sexo". Então, a jornalista perguntou se ela ouvia suas músicas quando estava na cama, e Katy imediatamente respondeu: "Fazer sexo com sua própria música? Isso é horrível. Sou uma boa cristã". Na sequência, Katy confidenciara que não era uma pessoa arrogante, e que para tudo tem hora, inclusive para ouvir suas próprias canções; porém, acompanhada na cama não era o melhor momento.

Para finalizar a entrevista, Katy diz que não gosta de Chris Brown – ex-namorado de Rihanna, condenado por bater na cantora –, e finaliza: "ele é um idiota".

CURIOSIDADES

Todo fã sabe muita coisa sobre Katy, mas decidimos elaborar um quadro, reunindo alguns dos mais interessantes fatos sobre nossa amada. Se isto fosse um blog, colocaríamos em uma só postagem. Mas, mesmo em livro, vai render uma página bem bacana.

* Quando era mais nova, Katy queria ter seios grandes; ela pedia a Deus que seus seios crescessem. Hoje, com seios tamanho G, diz que é bom ser uma *sex symbol*.
* Misturar músicas e ritmos é bem a praia de Perry. O responsável por trabalhos com a cantora, Greg Wells, diz que ela faz a melhor mistura de canções que já viu. Seu bom gosto musical sempre surpreende.
* Katy adora dizer para todo mundo que tem uma passagem para ir ao espaço sideral. Até hoje, ninguém sabe se isso é verdade.
* Katy jura que nunca fez nenhum tipo de cirurgia plástica, e bem sabemos que ela não precisa disso. Ao mesmo tempo, ela é superpreocupada com a saúde e a aparência. Para reforçar a alimentação, toma quase 30 comprimidos de suplementos alimentares por dia, além de vitaminas, tudo sob recomendação da equipe de nutricionistas que cuida para que sua energia esteja sempre em alta para os shows.
* Seu aperitivo favorito são minissanduíches no palito.
* Katy só viaja se tiver seus ursinhos de pelúcia ao lado!!!
* Quando era mais nova, e dispunha de mais tempo, ela limpava a casa para acalmar a agitação.

Frederick Breedon IV/Getty Images

Katy Perry responde às questões de estudantes durante o GRAMMY SoundCheck em Nashville, no Tennessee, em 2009.

* Obcecada por escovar os dentes, ela é daquelas pessoas que não consegue ficar sentada à mesa depois do café da manhã com os dentes sujos.
* O sonho de Katy é ganhar um Grammy, uma das maiores premiações no segmento musical.
* É uma das poucas cantoras famosas que gosta de dividir roupas com as mulheres da equipe. Entre as peças, situam-se alguns vestidos e joias.
* Katy tinha um Tumblr pessoal, até criar uma conta no Twitter.
* Katy é a filha do meio, ficando entre David, o irmão mais novo, e Angela, a irmã mais velha.
* Katy Hudson foi o primeiro nome artístico de Katy Perry, mas decidiu adotar outro sobrenome para não ser confundida com a atriz Kate Hudson.
* Um dia, uma gata de rua entrou pela janela do quarto de Katy, que lhe deu o nome de Kitty Purry e a adotou como sua gata de estimação.
* Além de cantar, Katy toca violão e piano.
* Os pais de Katy participaram das gravações do videoclipe de "Hot N Cold", e podemos vê-los em uma das cenas do casamento.
* A capa do CD *One of the Boys* foi inspirada no filme *Lolita*, baseado no célebre romance de Vladimir Nabokov. O longa-metragem é um dos favoritos de Katy.
* Quando pequena, Katy não gostava de gatos.

6
Os figurinos de Katy Perry

No palco, Katy Perry parece uma personagem – sempre com roupas exuberantes, combinando com a escolha de músicas que farão parte da apresentação. Ela canta e dança, de forma que sua performance sempre chama a atenção.

Seu figurino nunca é monocromático, o que enche os olhos do público. Tanta informação visual, porém, já foi parar nos jornais, porque críticos adoram criar polêmicas e conceber verdades por aí, como a de que ela copiou Katy Keene, uma personagem da Archie Comics, tida como rainha das *pin-ups* dos anos 1940. Além disso, os fãs de histórias em quadrinhos também parecem concordar com tal afirmação. E você sabe: quem procura, acha semelhanças entre as duas. Madonna, sua diva, Britney e Lady Gaga também passaram por comparações semelhantes.

No site *HitFix*, que trouxe a polêmica à tona, está escrito:

 Katy Perry nunca foi para a moda convencional. Ela sabe mesclar o psicodélico com um fetiche de látex, ou encontrar maneiras novas e emocionantes para sexualizar doces; o estilo de Perry nunca é entendiante. Na verdade, pode-se ir mais longe ainda, a ponto de classificá-la como a moda que expressa a ideia que os desenhos animados têm da moda na vida real. Pode ser que Katy seja exatamente assim. Em 1945, Katy Keene foi criada pela Archie Comics para ser a Rainha da Moda.

A personagem produziu tendências no segmento da moda, assim como Katy o está fazendo agora. No entanto, a comparação de Perry com Keene não se restringe somente às roupas e às perucas, mas chega também aos cenários de seus shows e a toda a estética presente em seus álbuns. "É tudo praticamente igual aos gibis", comentam os críticos, inferindo que até o fato de ela ter nascido em Santa Bárbara – mesmo local de nascimento da personagem da Archie – fora premeditado.

Logo que soube das críticas, Katy se defendeu:

 Eu vi isso uns meses atrás, e a internet é tão louca... Tipo, é muito insano! Eu quero fazer um exame agora mesmo, para eles olharem dentro de mim e terem certeza de que não sou um desenho! Mas o que me assustou foi constatar que ela tem uma irmã ruiva. E a minha irmã também é ruiva! Eu fiquei tipo: "P***a! Pode parar com isso!". Quer dizer, é bem interessante, mas não é tão profundo!

Os figurinos dos concertos de Katy Perry são certamente um espetáculo à parte. As caracterizações são tão perfeitas que valem um olhar cuidadoso para buscar inspiração para uma roupa de festa ou mesmo para uma situação mais ousada.

A turnê *California Dreams*, por exemplo, teve grandes produções, e Katy fez questão de atender a todos os gostos. Quando resolveu se vestir de mulher-gato no show, ela surgiu com brilho, glitter, corpete, braceletes e outros acessórios que a tornaram única. Os cortes na roupa, imitando rasgos feitos por unhadas de gato, complementavam de modo especial a produção, já que, durante o show, ela simulava arranhar-se.

Posteriormente, porém, quando ela surgiu no palco vestindo *collant*, *hot pants* e um cinto com fivela de coração cravada com pedrinhas, o público sabia que aquele visual iria surpreender. E acertaram em cheio! Durante o show, houve uma encenação com penas de pavão que se abriam como um leque, dando um "efeito Katy Perry" na superprodução. Plumas e paetês coloridos saltavam aos olhos dos espectadores sob o efeito das luzes brilhantes. As apresentações de Katy são assim: excitam todos os sentidos... Não é possível prestar atenção só na música, porque o espetáculo transcende as expectativas.

Nos shows da turnê *California Dreams* que ocorreram no Brasil, a "cereja do bolo" das apresentações foi quando ela surgiu com uma túnica brilhante, na qual se via a bandeira do nosso país – onde lantejoulas coloridas resplandeciam conforme o show de luzes, tornando os tons de verde e amarelo ainda mais vivos.

Katy realmente não se importou com as críticas de que teria feito referências abertas ao filme *Alice no País das Maravilhas* em um de seus clipes. Entretanto, muitas pessoas devem ter ficado chocadas ao vê-la, assumidamente, caracterizada como Rainha de Copas sobre os palcos. Em uma apresentação, ela chegou a brincar com o fato de que todo mundo queria copiá-la; afinal, todo visual se origina de uma inspiração. E fantasias são apenas fantasias, não é mesmo?

Maiôs são trajes que caem maravilhosamente no corpo esguio de Katy Perry. Ela já disse que os adora, e como costuma usar e abusar da boa forma em seus shows, esse tipo de peça sempre acaba entrando na produção dos figurinos. Enquanto um modelo adornado com bolinhas, por exemplo, pode ser bem recatado – cobrindo todo o bumbum e um pouco cavado na frente –, tem seu destaque nas bolinhas de isopor coloridas que fazem toda a diferença, trazendo destaque e tom lúdico à composição do figurino.

Seguindo a mesma linha de visuais divertidos, na qual está contido o tal maiô de bolinhas, somam-se outras peças divertidas, condizentes com a personalidade alegre e a tendência ao cômico por parte de Katy Perry. Com a inserção de elementos aleatórios, de girocópteros nos seios a peças que esguicham chantilly – como é mostrado em seu filme –, ela testa os limites do possível na composição de seus trajes em concertos, sem se preocupar com quem possa ter uma opinião negativa a respeito. Muito pelo contrário, ela se diverte com uma ingenuidade quase infantil, achando tudo muito engraçado.

Certa vez, em uma entrevista, quando perguntaram-lhe qual era seu *look* favorito, ela respondeu: "Vocês são muito tarados por ficar prestando atenção nisso". Os repórteres ficaram surpresos, mas ela riu em seguida, o que aliviou o comentário, então eles disseram: "Oh, Katy, você sempre nos surpreende".

PRISMATIC TOUR

Entre as grifes que já participaram da constituição dos modelitos de Katy nas exibições musicais da *Prismatic Tour* estão a Valentino, a Roberto Cavalli e a Moschino. A Valentino assina um vestido-capa inspirado nas asas de uma borboleta; a Cavalli arrasou com um minivestido em tons de roxo e azul e aplicações de brilho, e a Moschino trouxe o Smile como referência, incluindo peças como legging, top, saia e jaqueta.

SUPER BOWL

Jeremy Scott, estilista da Moschino, foi o responsável pelos *looks* de Katy no show do Super Bowl. Ao todo, foram quatro figurinos arrebatadores: um vestido de chamas em couro, um moletom preto brilhante, um conjuntinho de saia e *top cropped* colorido, além de um longo bordado com estrelas prateadas. Destaque também foi a bota usada, proveniente da marca LaDuca. O item fora customizado com 12.600 cristais Swarovski.

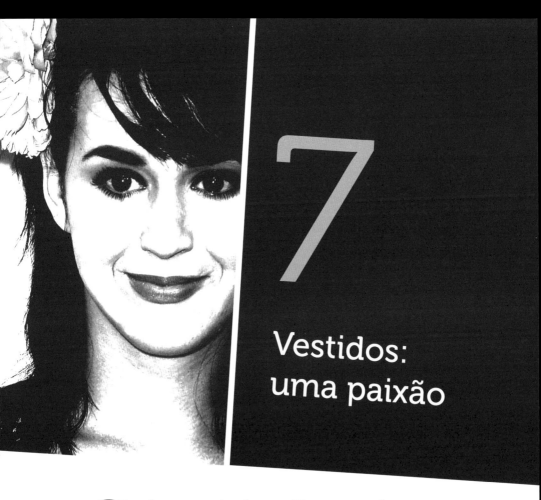

7
Vestidos: uma paixão

Se há uma coisa de que Katy gosta é de usar vestidos dos mais diversos tamanhos, estampas e cores. Ela adora elaborar jogos de cores, estampas de bolinhas, vestidos que marcam o corpo... Um dos modelitos mais irreverentes e sexy que ela já usou foi um vestido preto com bolinhas brancas e uma rosa no peito. A fenda gigante na coxa direita, detalhe do artigo de vestuário, somada a um salto agulha, dava um toque charmoso e um ar sexy ao *look*, em que ela também combinou com os cabelos levemente enrolados nas pontas.

Os vestidos com bandeiras de países são outra tendência registrada pela cantora que já usou uma túnica com estampa de bandeiras dos países em que se apresentou, inclusive uma em homenagem ao Brasil. Outro *look* que ela adora são aqueles que remetem a personagens e suas roupas refletem com frequência esse gostinho nas aparições que faz em eventos diversos. Uma vez, quando colocou um vestido lilás rodado e rodopiou no palco, fez todos pensarem que estavam diante de uma fada encantada, que lançaria um glitter mágico nos fãs, que teria o poder de deixá-los ainda mais apaixonados. É o "efeito Katy Perry"!

Por ser a típica "garota mais bonita da cidade", detentora de uma beleza estonteante, ela se diferencia também pela atitude. Todavia, esse efeito devastador só surge quando a bela se veste com peças que favoreçam suas curvas. Mesmo com vestidos curtos, justos e brilhantes, Katy entra sem pudores em qualquer lugar e desperta os desejos de todos ao esbanjar sensualidade. Isso é que é confiança!

Os vestidos justos de Katy Perry devem dar certo trabalho para entrar no corpo. Quando ela resolve vestir um modelito coladinho, qualquer estratégia pode ser útil: desde deitar na cama para a roupa entrar até prender a respiração e conseguir fechar o zíper. Mas o esforço é válido, porque nossa diva não faz nada pela metade: se é para ser sexy, quer ser a mais sexy do mundo!

Por vezes, ela se inspira em filmes para compor seu figurino. Quando usou um vestido com cauda de sereia que lembrava o usado pela princesa Elsa, do filme *Frozen*, as comparações não pararam. E as montagens seguiram soltas no Instagram. Em resposta, ela simplesmente sorriu, deu a entender que não tinha imitado ninguém, que apenas usara um vestido azul lindíssimo que ressaltava suas formas e combinava com seu cabelo, também azul à época.

Deve dar um certo trabalho para a figurinista de Katy determinar as peças certas para combinar com cada personalidade que ela quer representar. Quando a morena decide ser fatal, sai de baixo, porque ela se torna a mais fatal e sedutora das mulheres. De vestido vermelho e batom igualmente vibrante, Katy não tem meio-termo. É sexy e intensa.

8

Cabelo & maquiagem

CABELO

A cada troca de estação, os fãs de Katy Perry aguardam ansiosamente para ver o cabelo que a beldade vai exibir. Às vezes, esperam mais pelos penteados dela do que por seus seriados favoritos, já que é uma tradição que Katy pinte as madeixas antes de eventos importantes. Então, subitamente aparece quase irreconhecível diante das câmeras, surpreendendo a todos novamente. Aliás, que o prazer em provocar sobressaltos nos outros é uma característica marcante da cantora, todos sabem. E ela segue surpreendendo à medida que instiga seus fãs na busca de serem sempre pessoas melhores.

CABELO MÉDIO, PRETO E LISO

Seus preferidos! Katy adora deixar os cabelos escuros e em um comprimento médio porque, assim, ela tem liberdade para transformá-los nos shows, seja enrolando, fazendo coque ou escova, ou colocando perucas. A questão é que, com os cabelos em um comprimento tão versátil, ela pode ousar e fazer o que lhe der na telha.

CABELO ROXO, ONDULADO E COMPRIDO

Nos momentos em que Katy quer ser vista como a mulher mais sensual do mundo, todos sabem que ela consegue. Ao surgir de cabelos ondulados e roxos, que contrastavam perfeitamente com sua pele clara, seus olhos azuis e o vestido vermelho em seu corpo, ela provou que é capaz de deixar qualquer mulher-gato no chinelo. É essa versatilidade e poder de transformação que a tornam única. Ela nunca representa a mesma personagem duas vezes. Em uma mesma semana, ela pode ser uma diva, uma *sex symbol* ou uma menina normal da Califórnia, que vai às compras e carrega sacolas de supermercado.

CABELO AZUL E COMPRIDO

Ao aparecer no Kids' Choice Awards, em 2010, com cabelos compridos tingidos de azul e usando uma roupa verde fluorescente, ela surpreendeu, porque ninguém entendeu se se tratava de uma fantasia específica ou estava apenas vestida de Katy Perry mesmo. Nos bastidores do evento, rolou o boato de que, como no evento anterior lhe deram um banho de tinta, dessa vez ela preferiu ir "colorida" por conta própria. A lógica fez sucesso, e sua foto foi estampada em inúmeros jornais e sites, que comentaram que suas respostas, sempre na ponta da língua, deixavam os repórteres sem ação.

CABELO AZUL DE TODOS OS TIPOS

Que ela gosta de usar e abusar dos vários tons de azul, a gente já sabe. Sabemos também que ela adora variar os cortes de cabelo, sejam eles curtos, médios, ou com inacreditáveis topetes, como figurou na estreia de *Smurfs* (filme no qual emprestou sua voz à dublagem de uma das personagens). Mas a preferência pelo cabelo azul talvez seja por combinar com seus olhos, ou porque retrate-a como uma poderosa e irreverente heroína.

LOIRO E CURTO

O tal loiro-avelã, que ela alega ser sua cor de cabelo natural, confere a Katy um toque de garota de Santa Bárbara, remetendo às madeixas iluminadas que carregam o nome da Califórnia. A questão é que a imagem de boa moça comportadinha de Beverly Hills não combina com seu jeito ousado, desbocado e autêntico de mostrar sua espontaneidade nos palcos. Talvez por isso Katy insista em pintá-los sempre que pode. Talvez, também, porque o cabelo loiro-avelã esteja mais para Katheryn Elizabeth, e não mais para Katy Perry.

CABELO ROSA

Nossa diva também é apaixonada por cabelos cor-de-rosa. Já usou desde alguns fios rosa no topo da cabeça até o rosa-choque, dando uma transformação valorosa no visual como um todo. Assim é Katy: uma "metamorfose ambulante".

CABELO COM COQUES NO ALTO DA CABEÇA

Ela gosta de exercer fascínio, e sabe que fica bem de qualquer jeito, sem precisar provar para ninguém que sua beleza é sexy. Quando faz dois coques no alto da cabeça, Katy demonstra que pode ser um personagem dentro e fora dos palcos, provando a meninas ao redor do mundo todo que o segredo do sucesso é a autoconfiança, e que não importa o que os outros vão pensar do seu corte de cabelo ou roupa. Essa é sua verdadeira conquista.

MAQUIAGEM

Quando falamos em Katy Perry, logo vem à memória a infinidade de combinações que já foram usadas pela cantora. Ela nunca chega a um lugar para passar despercebida. Sempre com um truque na manga, que pode ser um cabelo ousado ou um traje superirreverente, ela não dispensa uma bela maquiagem, que sempre ofusca os olhos de quem está ao seu redor.

É provável que Katy nunca tenha aparecido com a mesma *make* em dois eventos diferentes, e seu maquiador gosta de abusar do seu tom de pele, assim como de ressaltar seus lindos olhos azuis, com sombras das mais diversas tonalidades.

OLHOS

DELINEADOR DUPLO

Uma das maquiagens de Katy Perry que mais faz sucesso entre as fãs é aquela com delineador duplo e um toque bem marcante de sombras coloridas, que contrastam bem com o delineador preto. Quando aplica essa *make*, em geral ela usa um batom mais claro.

DELINEADOR GATINHO

Quando usa delineador "gatinho", ela começa delineando a pálpebra com um traço grosso e puxa pra cima até afinar. Na linha abaixo dos olhos, ela aposta em um tom dourado, e finaliza a maquiagem com batom rosa nos lábios.

OLHOS MARCADOS

Com lápis preto marcando as partes superior e inferior de seus olhos claros, essa maquiagem faz sucesso em festas e eventos. O batom nude completa a produção.

SOMBRA COLORIDA

A sombra colorida nas pálpebras superiores lhe confere um ar divertido e interessante. Destaque para as combinações em que utiliza tons de verde ao redor dos olhos. Katy Perry é poder!

LÁBIOS

BATOM VINHO

Ela esbanjava com o uso dessa cor de batom quando estava com os cabelos da mesma cor, mas sempre que exagerava no batom, deixava os olhos mais apagados. Dizem que esse tipo de maquiagem deixa a cantora mais jovem, mas na verdade só causa o "efeito Katy Perry" de uma maneira diferente.

BATOM VERMELHO

A diva ama as *pin-ups* e se espelha com frequência nelas para compor seu visual, seja na maquiagem, seja na roupa. O batom vermelho, por exemplo, daqueles bem exagerados, com uma sombra generosa, contrastando com sua pele clara, dão a Katy um ar de boneca de porcelana.

BATOM ROSA

Com batons cor-de-rosa, ela assume um ar de menina de 12 anos... Essa Katy-camaleão sabe como mudar a idade de acordo com o evento, a fim de ser admirada por pessoas de todas as idades.

BATOM NUDE

A garota de Santa Bárbara se torna uma menina meiga e doce quando usa batom claro, pouca maquiagem nos olhos e um belo blush cor-de-rosa, especialmente se chegam a combinar com as luzes rosadas do cabelo.

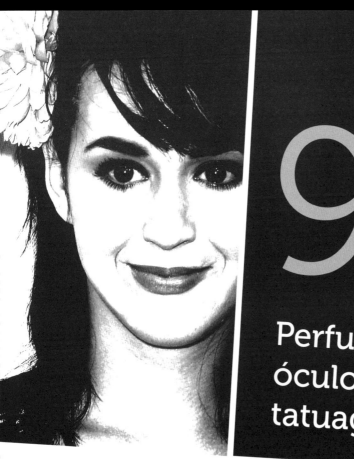

9
Perfumes, óculos e tatuagens

Você sabia que Katy tem uma linha de acessórios? É verdade, mas ainda não estão disponíveis para venda direta no Brasil. As peças foram todas inspiradas nas canções do álbum *Prism*, e a cantora firmou uma parceria com a marca de bijuterias Claire's, que sempre fora apreciada por ela (Katy conta que costumava entrar nas lojas da Claire's e comprar todos os acessórios possíveis).

Houve muito corre-corre quando as fotos das peças foram divulgadas no Instagram da marca. Fãs do mundo todo correram até as lojas, mas as peças ainda não estavam à venda, o que causou ainda mais alvoroço e expectativa em relação ao lançamento.

A coleção é tão linda e descolada que dá vontade de comprar todos os itens, um atrás do outro, pois carregam consigo o jeitinho Katy Perry de ser, já que ela aprovou cada peça antes de serem comercializadas. Braceletes, anéis, óculos de sol, acessórios de cabelo e capinhas de celular fazem parte da coleção. O conjunto de acessórios faz claras referências em específico à música "Roar", contendo produtos como pares de óculos com estampa de oncinha, capas para celular com uma linda estampa de tigre e tiaras enfeitadas com o nome da música em questão.

PERFUMES

Perfume é o tipo de traço que marca a presença de uma pessoa, às vezes por toda a vida. Tem coisa mais gostosa do que, quando a memória olfativa é acionada, você se lembrar do cheiro de alguém especial?

Katy Perry concorda. Onde quer que vá, é reconhecida por ser uma das cantoras mais cheirosas (há quem diga que seu cheiro é doce) da atualidade. Prova disso é que, quando entrevistados, os fãs sempre fazem menção ao cheiro agradável que inunda o interior de seu camarim.

Mas ela não faz questão que esse odor perfumado seja uma exclusividade sua; ela prefere propagá-lo pelos ares do mundo todo. Assim, Perry escolheu a dedo as fragrâncias dignas de levar sua assinatura e as disponibilizou no mercado, para que seus fãs possam adquiri-las e ficar um passo mais próximos da adorada cantora.

KILLER QUEEN

A ideia de Katy para essa fragrância era de disseminar a força feminina, incentivando milhares de mulheres a serem como ela: lutadoras e corajosas. "Quando estava criando *Killer Queen*, fui inspirada pela ideia de uma mulher forte e confiante em seu poder; era exatamente isso o que eu esperava colocar nessa fragrância, algo que mostrasse o poder que está dentro de você", declara.

E para quem acha que força e poder não têm nenhuma relação com aromas, uma dica: pesquisadores e cientistas afirmam que o olfato é um dos órgãos que mais captam a essência das pessoas. Por meio do cheiro, podemos identificar muito sobre a personalidade de alguém.

Por isso, o responsável por desenvolver a fragrância, Laurent Le Guernec, conta que "a flor crista-de-galo foi a fonte inspiradora dessa criação, começando pela riqueza do vermelho-burgundy, pela sensação aveludada, que lembra uma capa usada por membros da realeza, e por sua profunda fragrância floral".

As notas de cabeça presentes em *Killer Queen* remetem às frutas vermelhas, à ameixa-preta e à bergamota; as notas de coração são crista-de-galo, jasmim-sambac e jasmim-manga; e as de fundo são constituídas por madeira de caxemira, coração de patchouli e pralinê líquido.

MEOW!

Todas as criações vinculadas ao nome de Katy, sejam elas suas próprias ideias ou provenientes dos integrantes de sua equipe, que mostra-se sempre tão engajada com os desígnios de Perry, acabam se tornando um reflexo da personalidade exuberante da cantora, e contêm todos os ingredientes para a fórmula do sucesso.

O perfume *Meow!* é um claro exemplo dessa surpreendente sintonia. É inexplicável, mas o produto tornou-se de súbito um dos mais vendidos do segmento nos Estados Unidos, assim, da noite para o dia. A fragrância foi criada para complementar o já existente *Purr*, primeiro perfume lançado por nossa diva. *Meow!* foi concebido enquanto ela respirava os ares de sua terra natal na divulgação da turnê *Teenage Dream*. Com a combinação desses perfumes, Katy quis demonstrar diversão e sensualidade, compondo aromas versáteis, próprios para serem usados em qualquer ocasião.

O nome do produto também deu o que falar. "Por que a exclamação no final?", imaginam os fãs. A explicação é simples e direta: Katy acredita que podemos ser uma exclamação a qualquer hora do dia ou da noite. A assinatura da fragrância vem do emparelhamento de madressilva e pera, tendo como nota de fundo os aromas cremosos de baunilha, almíscar e âmbar.

PURR

Talvez Katy só tenha resolvido fazer outros perfumes por causa do sucesso comercial dos primeiros. Afinal, apenas nove semanas depois do lançamento, *Purr* tornou-se um dos perfumes mais vendidos nos Estados Unidos. Um tipo de recorde; mais um para a coleção pessoal de Katy.

Dizem que a própria Katy fez questão de entrar no laboratório e provar todos os aromas para criar a fragrância, e que é essa a causa de o perfume apresentar uma variedade tão grande de notas, que incluem frutas cítricas. Lançado em novembro de 2010, *Purr* é vendido em frascos roxos com formato de gatinho.

ÓCULOS

Os óculos de Katy Perry são uma história à parte. Todas as grifes do mundo ficam de olho no que ela vai usar, porque, como toda celebridade de seu gabarito, gera tendências a partir dos acessórios com os quais desfila no dia a dia. Foi o que aconteceu com muitos deles, que hoje são verdadeiros ícones da moda.

O MAIS USADO

Uma versão bem grande do tradicional Wayfarer parece ser o seu preferido, pois ela costuma usá-lo com frequência.

COM FORMATO DE CORAÇÃO

Katy já foi adepta dos modelos em formato de coração, que se tornaram febre pelo mundo todo.

PRETINHO BÁSICO

Combina bem com o rosto de nossa musa, principalmente quando está vestindo um *look* mais básico, como, por exemplo, após uma noite de espetáculo.

LINHA *FASHION*

Como uma boa garota da Califórnia, Katy também aposta em formatos *fashion*, que se tornam tendência logo que é clicada pelos *paparazzi*. Destaque especial para um modelo com armação vermelha, que ganhou páginas nas revistas e acabou, obviamente, sendo mais um sucesso de vendas.

COM DETALHES

Katy é muito cuidadosa e gosta mesmo de caprichar nos detalhes, que sempre vêm salpicados de extravagância, símbolo através do qual ela se permite inovar continuamente.

TATUAGENS

Nossa diva pop tem cinco tatuagens, posicionadas em lugares estratégicos.

"JESUS", NO PULSO ESQUERDO

Essa é a mais conhecida. Fica em um local bem visível e foi a primeira que ela fez, aos 18 anos, quando ainda frequentava a igreja e era grande seguidora dos ensinamentos de Jesus. Como sua criação teve fundamentos cristãos, ela optou por levar essa tatuagem em seu corpo até o fim da vida, carregando no pulso o nome de seu mentor, com muito orgulho.

> Fiz esta tatuagem com o nome de Jesus em meu pulso esquerdo quando tinha 18 anos de idade, porque sei que a religião sempre será uma parte de mim. Quando estou cantando, costumo dizer a mim mesma: "lembre-se de onde você veio".

O MORANGO E A BALA

Quem já assistiu a um show de Katy, seja em vídeos ou pessoalmente, conhece esses desenhos. Ela foi tatuada na cidade de Nova York, em 2009, muito antes de usar roupas com essas figuras, e eles são uma demonstração de sua fissura por temas que incluam frutas e outros objetos com formatos divertidos e engraçados. Das duas tatuagens, ela fez primeiro o morango; depois, em 2011, em Los Angeles, pertinho de sua cidade natal, desenhou a bala. Dizem que foi desse modo que celebrou o sucesso de *Teenage Dream*, o que motivou os fãs a imaginarem que cada CD de Katy seria homenageado com uma nova tatuagem.

"ANUUGACCHATI PRAVAHA", NO BRAÇO DIREITO

A tatuagem, originada de uma frase em sânscrito, significa algo como "siga a correnteza", e foi feita em combinação com o ex-marido, Russell Brand, na época em que formavam um casal. Ambos fizeram a tatuagem exatamente no mesmo local: na parte interna do braço direito. A primeira vez que ele mostrou essa tatuagem foi na capa da revista *Rolling Stone*, onde, propositalmente, colocou o braço sobre a cabeça. Mesmo depois que o casamento terminou, ela permanece com a tatuagem.

UMA FLOR-DE-LÓTUS NO PULSO DIREITO

"Um novo começo", foi o que alegou Katy Perry quando lhe perguntaram o motivo daquela tatuagem em seu pulso. Como havia acabado de terminar seu relacionamento com Russell Brand, alguns dizem que foi uma maneira de endossar para si mesma que, assim como a flor-de-lótus nasce do lodo, algo bonito pode crescer de você depois de momentos turbulentos ou ruins.

UM HIBISCO NO TORNOZELO DIREITO

Hibiscos são famosos como símbolo de coragem, beleza, honra e vida, atributos que Katy tem de sobra. E, mais uma vez, ela fez uma tatuagem com um namorado, John Mayer, que tem a mesma imagem em seu pulso direito. Essa tatuagem foi feita em novembro de 2013, durante uma turnê no Japão.

10° Turnês musicais

HELLO KATY

Certamente, a primeira turnê de Katy não foi sua melhor sequência de aparições, mas foi um momento decisivo pois ela percebeu que, com sua voz e seu carisma, conseguiria fazer shows eletrizantes.

Hello Katy teve início em janeiro de 2009, e as performances que a compuseram baseavam-se, evidentemente, em seu primeiro álbum: *One of the Boys*. Ao todo, a turnê somou 38 shows, distribuídos entre países da América do Norte, Ásia, Austrália e Europa, e a ideia era que tudo fosse ambientado com temas de gatos e frutas.

A cantora pediu felinos gigantes e vegetais infláveis em seus shows. Para tanto, foram contratados alguns dos mais renomados designers do mundo, para que pudessem criar uma expressão visual digna de ser chamada de espetáculo.

Nas roupas escolhidas, Katy também queria ousadia que fosse condizente com o mesmo tema: vestiu-se durante as apresentações com figuras de morangos e onças-pintadas, e tornou-se logo de cara uma referência em autenticidade. Já naquela época, ninguém duvidara que ela tinha personalidade e que seus shows nunca seriam apenas "voz e violão" – Katy deixou bem claro que sempre faria um número completo.

A banda de Katy Perry na turnê contava com Patrick Matera (guitarra/violão), Josh Moreau (contrabaixo), Adam Marcello (bateria), Korel Tunador (voz/guitarra/saxofone/piano), músicos que também a acompanharam na gravação do MTV Unplugged.

CALIFORNIA DREAMS

A segunda turnê de Katy deu uma virada meteórica na carreira da diva pop. Em *California Dreams*, ela se deu o direito de ousar (mais) e viveu uma vida sem limites, apresentando-se para um público recorde.

Para divulgar seu segundo álbum, o *Teenage Dream*, ela visitou a Europa, a Ásia, a América do Norte, a Oceania e, é claro, a América do Sul, que contou com a famigerada visita da cantora ao Brasil. O desejo de Katy era que a turnê envolvesse todos os sentidos, que as pessoas fossem fisgadas pelo tato, pela visão, pela audição, pelo olfato e pelo paladar – e conseguiu!

 Estou realmente animada sobre como incorporar o *look* e a ideia de algumas músicas em turnê e fazer uma produção em massa disso. Quero um monte de recursos visuais. Quero que esta seja dez vezes melhor do que estava a última turnê.

Quando contou ao *The Sun* que estava trabalhando com Baz Halpin, produtor conhecido pela impecabilidade dos shows, os fãs mais antenados ficaram em polvorosa. Afinal, novidades estavam por vir.

Estou trabalhando com um produtor de turnê fantástico chamado Baz. Ele foi essencial na turnê da P!nk – aquela em que ela fazia aquelas acrobacias. Não estou dizendo que farei a mesma coisa, mas decidi trabalhar com ele nessa turnê porque, quando vi o show da P!nk, na Austrália, percebi que não era um show normal de música pop. Tinha muita emoção envolvida.

E é isso o que o público gosta, é isso o que ele quer: emoção! Não há quem assista a um show de Katy Perry e não se sinta absolutamente envolvido pelo arsenal de entretenimento que ela desfere, do começo ao fim da apresentação. Voz, efeitos de luzes, cheiros, imagens – tudo planejado nos mínimos detalhes para criar uma experiência inesquecível.

Na mesma época, Katy firmou um contrato com a Victoria's Secret, marca que assinou a linha de lingerie com que desfilou sobre o palco, usando visuais para lá de sensuais.

[Na última turnê] eu vestia uma roupa diferente a cada noite. Isso foi loucura e não foi barato. Quando eu me troco durante um show, é como um *pit stop* de Fórmula 1. É claro que minhas amigas amavam isso, porque, depois, elas ficavam com as roupas. Mas foi divertido levar esse tipo de surpresa toda noite. Haverá vários *looks* diferentes, e eles serão bem marcantes.

PRISMATIC WORLD

Prismatic World conta como a terceira turnê mundial de Katy, e acontecerá ao redor do mundo durante o ano de 2015.

A turnê será fantástica. Eu sempre tento alcançar um nível mais alto. Acho que as pessoas terão ideia de como serão os shows quando escutarem as músicas.

Ela também ressaltou que dessa vez estaria "muito próxima" do público no decorrer dos espetáculos. Depois de sua apresentação no Super Bowl, ninguém duvida de que *Prismatic World* será um estouro. Com a alta procura pelos ingressos, os bilhetes se esgotaram rapidamente em cada país onde os concertos foram anunciados, demorando somente uma hora desde o início das vendas.

Filmes

Katy Perry também já fez pontas em seriados e filmes, estrelando aparições por vezes inusitadas. Participou do *American Idol*, *The X Factor*, *Vila Sésamo* e até mesmo de um episódio dos *Simpsons*. Interpretou a si mesma no seriado *Wildfire*, em que apresentou sua música "Thinking of You", participando ainda da bem-sucedida série *How I Met Your Mother*, produção do estúdio norte-americano ABC.

No cinema, além do seu próprio documentário, fez algumas participações em filmes variados, e chegou a gravar algumas cenas para o longa-metragem *O pior trabalho do mundo* (cujo título original é *Get Him to the Greek*), estrelado por seu ex, Russell Brand. Contudo, essas cenas foram excluídas, muito provavelmente por causa do término do relacionamento do casal.

Katy também emprestou sua voz para a dublagem da personagem Smurfette, em Os Smurfs 1 e 2. Em 2012, contou com a produção de um filme que narrava sua trajetória, contando os pormenores de sua ascensão na vida. O documentário foi exibido em 3D e nomeado como: *Katy Perry: Part of Me*.

OS SMURFS

Desde que foi escalada para dar voz à Smurfette, no filme dos Smurfs, Katy percebeu que tinha uma ligação com desenhos animados e descobriu que gostava de usar sua voz, que é seu instrumento de trabalho, para fazer outras atividades, além de cantar.

Na sequência do filme, o desafio foi ainda maior. Em entrevista coletiva concedida sobre o longa, ela contou:

 Nesse filme, tem mais Smurfette. Conta de onde ela vem. É uma história sobre seu crescimento, sobre quem ela quer se tornar. Vai ser muito fácil para as crianças a relacionarem com o convívio que têm com seus pais. Há uma outra história paralela sobre isso também.

O produtor do filme disse que Katy levou diversidade para o papel, já que ela consegue variar suas expressões entre doce, áspera e subversiva. "Sua performance, seja cômica ou dramática, é incrível", disse.

Veja os comentários de Katy a respeito desse trabalho:

Quando estava gravando como Smurfette, tive de planejar minha agenda, porque ela tem um tom mais grave de voz que não é estrategicamente útil para a escala que eu quero alcançar cantando. Eu tinha de separar uns dias para as gravações. Foi um desafio... Não, não foi, não é um desafio como fumar um maço de cigarros, mas era como fumar um maço de cigarros para conseguir a aspereza requerida na voz da personagem e ter de gritar e chorar muito. É muito diferente da minha voz enquanto cantora, mas gostei bastante. Minha voz é o meu trabalho, e venho colocando muita personalidade nela desde que tinha nove anos. É algo natural, que usei para outro propósito.

Na trama, Smurfette é sequestrada por Gargamel e seus Naughties – espécie de falsos Smurfs – e começa a se questionar sobre sua verdadeira essência, já que foi criada pelo bruxo e transformada em uma Smurf de verdade através da mágica do Papai Smurf.

Katy envolveu-se muito com a personagem:

É como se a Smurfette fosse para a terapia. Tem nova profundidade e mais emoção dessa vez. Eu estava na cabine gravando e havia divisórias em volta de mim, porque eu realmente estava sentindo a emoção, estava vulnerável mesmo. É uma jornada muito emocionante para a Smurfette, para os Smurfs e também para os Winslows [referindo-se aos problemas que o personagem de Neil Patrick Harris, Patrick Winslow, tem com o padrasto].

KATY É DIVA?

Sim, para todos os fãs do mundo, Katy é sem sombra de dúvidas uma diva incrível e maravilhosa. Com personalidade muito autêntica, ela transmite seus sentimentos e deixa o público atônito com a enxurrada de emoções ocasionadas pela interpretação de suas canções.

No começo da carreira, ela atesta que queria ser uma espécie de Lolita. Obtendo inspiração no filme homônimo de 1962, que fora dirigido por Stanley Kubrick, ela admirava e seguia o estilo da personagem, criando em torno de si uma aura mista de pureza e sedução. A partir de 2010, passou a vestir roupas mais ousadas, vestidos de látex e shorts brilhantes, recebendo inclusive o prêmio MTV, eleita cantora mais bem vestida do ano de 2010. Além disso, na lista da revista *Maxim*, sobre "As Mulheres Mais Sexy do Mundo em 2010", a cantora foi classificada na primeira posição.

"Acredito que as pessoas já sabem que não sou apenas uma garotinha sexy, tenho mais do que isso a dizer. Estou tentando fornecer trilha sonora às vidas das pessoas, ou seja, músicas que consigam expressar um barril de emoções", esclareceu, confirmando que o que queria mesmo era abalar os sentimentos dos fãs.

Quando, por fim, foi denominada a "Nova Rainha do Pop", e recebeu um convite para cantar no *Divas Salute the Troops*, comentou com modéstia sobre o uso do termo "diva" a seu respeito: "Tive de procurar a definição de 'diva' no dicionário. Tive de ir na essência da palavra. Obviamente, eu não sou a Beyoncé. Ela é uma diva de verdade".

PART OF ME - O FILME

Quando Perry resolveu que liberaria uma equipe de filmagens para acompanhar sua turnê, ela estava, na verdade, realizando um sonho, pois sempre imaginou que seus fãs tinham o direito de vê-la não apenas em seus melhores momentos, mas também nos piores. Mas agora você se pergunta: será que existem "piores momentos" na vida agitada e glamourosa de uma estrela internacional, que voa de país em país a fim de subir no palco, divertir-se em meio às apresentações e ainda ganhar uma fortuna por isso? A verdade é que nem tudo é o que parece, ou seja, nem tudo é apenas o que "aparece" para o público, e talvez seja esse o motivo de ela querer que seus fãs conheçam também os bastidores da sua vida pessoal.

Mesmo sendo uma superestrela, Katy Perry não deixa de ser uma pessoa comum, que tem dias bons e ruins. Há um ditado popular que afirma que "quanto maior a subida, maior é o tombo", e ninguém consegue fugir disso. Os "baixos" da vida de nossa diva – ao menos aqueles que foram retratados no documentário – revelam um cotidiano em nada diferente daquele vivenciado por qualquer fã que a segue no Twitter ou no Facebook... A diferença é que não é qualquer pessoa que pode subir em um palco e arrasar como estrela de um espetáculo grandioso para milhares de pessoas logo após o término de um casamento. Katy, porém, comprovou que possui essa capacidade.

Quando decidiu inserir o término de seu casamento com Russell Brand no filme, sem edições, Katy sabia que sua franqueza não apenas agradaria em cheio seus fãs, mas que traduziria de forma real e transparente o dia a dia de um artista. Naquele episódio, não havia roteiro nem edição programada para levar o filme adiante: a proposta era retratar a verdade nua e crua.

> Cenário: a cidade de São Paulo.
> Quando: minutos antes de ela se apresentar para mais de 20 mil pessoas.
> O acontecimento: recebimento de uma mensagem no celular que punha fim ao casamento.

No momento em que a cantora, que acabara de ler a mensagem, desabou em lágrimas na cadeira de seu camarim, soluçando, a equipe técnica não soube como reagir. O mundo parou. O que fazer em uma hora dessas, com a estrela do show em desespero? Ela recuou. Sob forte impacto emocional, Katy tinha apenas duas alternativas: ou cancelava o show ou fazia a melhor apresentação de sua vida. Desse modo, quando questionada sobre a decisão que tomaria, não teve dúvidas: faria o show. Ela preferiu deixar de lado os problemas que configuravam sua vida pessoal naquele momento, focando-se em agradar os fãs e mostrando também que o preço da fama pode ser bem alto.

Evidentemente, o maquiador deve ter feito milagres para que a *make* dela continuasse impecável até o fim do show, já que ela chorou durante todo o percurso, do *backstage* até o palco, e também não conteve as lágrimas quando o povo de São Paulo gritou que a amava... Por instantes, com mais de 20 mil admiradores gritando "eu te amo", o britânico com quem acabara de romper deve ter ficado em segundo plano, pois ela dirigiu-se à plateia e, surpreendendo a todos, disse: "Vocês foram a melhor plateia, e este foi o melhor show que já fiz".

Diante dessa saia justa, nem é preciso ser fã para perceber a tensão. Afinal, o que é possível fazer num momento como esse? Certamente, há quem pegaria o primeiro voo de volta pra casa indo diretamente tirar satisfações com o marido. Há também quem se sentaria numa cadeira e ficaria chorando até o dia amanhecer, sem se importar se 20 mil pessoas tinham comprado ingresso ou estavam acampando há pelo menos dois dias do lado de fora do local onde aconteceria o concerto. Mas Katy teve a decência e a dignidade de cumprir seu compromisso e, com um autocontrole absurdo, refez-se do baque sofrido com a mensagem e entrou no palco, dando o melhor de si.

Mas, além do brilho e da vida fantástica que vive, o filme mostra que a cantora se cerca de assessores, que a auxiliam nas inúmeras decisões que precisa tomar diariamente. E não deve ter sido fácil fugir dos holofotes quando a imprensa toda falava exaustivamente sobre o rompimento, nem para a sua equipe, que buscava cumprir o papel de poupá-la, como se dissesse aos *paparazzi*: "Dá um tempo, deixa a Katy sofrer em paz".

O documentário também revela que ela nunca quis ser a "segunda" na vida. No início de sua carreira, ela foi desenganada por produtores, até que passou a ser comparada com Avril Lavigne e Kelly Clarkson, mas ela repudiou a comparação: "Eu não queria ser a nova Kelly Clarkson. Eu queria ser a primeira Katy Perry".

Para a maioria dos fãs, o filme foi um verdadeiro tapa na cara de Russell, porque Katy, em nenhum momento, se mostrou rancorosa ou denegriu a imagem dele. Simplesmente deixou-se filmar vencedora, superando a separação de maneira exemplar, e levando cada pessoa que compunha sua equipe ou a legião de fãs a constatar como ela é incrível! Para além do divórcio, dos depoimentos bacanas e dos efeitos especiais, a mensagem principal do filme é a mesma que Katy transmite em sua vida: "Não desista de seus sonhos!".

Por mais que possa não parecer, a vida de Katy se assemelha muito às experiências de outras mulheres, mesmo que elas não sejam celebridades. Quer saber o que foi mais difícil para ela enquanto a câmera a seguia nos bastidores do show? Aparecer com o rosto limpo, sem nenhuma maquiagem, diante das câmeras! Mesmo com vergonha, ela confessou sua insegurança nesse quesito, o que seria facilmente compreendido por muitas garotas. Katy é inspiração!

Uma cantora, quando atinge um patamar tão alto quanto o alcançado por Katy Perry, não tem mais necessidade de envolver-se pessoalmente em todos os detalhes de seus shows, porque há profissionais que podem efetuar essa função em seu lugar. Mas é nesse envolvimento e participação que reside o segredo da nova rainha da música pop. Nada se concretiza sem o seu aval. Nenhuma linha foge ao combinado, porque ela não só cumpre rigorosamente o papel que lhe cabe, como vai além dele, de modo que a equipe toda se sente estimulada a fazer a programação acontecer da melhor maneira possível.

Para que a turnê desse certo, foi necessário o esforço de muita gente, de uma extensa equipe que trabalha ininterruptamente, elaborando com cuidado uma logística em que figuram ensaios e uma série de outros preparativos. Esse trabalho requer muito compromisso por parte dos integrantes da equipe. Além disso, é claro, há o permanente e agudo olhar de Katy, inspecionando cada detalhe, mesmo os que aparentam ser insignificantes.

Katy parece incansável. Para viver seu sonho, ela mostra que dedicação não é necessária somente nos preparativos dos espetáculos: deve ser constante na vida de um artista. Noites em hotéis, viagens intermináveis, semanas longe de casa e, como se não bastasse, longos períodos afastada de seus familiares e amigos próximos. Um desgaste enorme, impossível de ser enfrentado sem comprometimento intenso.

Em *Part of Me*, as filmagens retratam o sucesso da turnê *California Dreams*, onde Perry fez com que seus fãs estremecessem cidades inteiras. Foram 365 dias intensos, durante os quais ela se permite ser caracterizada nas mais diversas situações: seja sem maquiagem, ensaiando, exausta enquanto aguarda um show após noites acordada, ou recebendo da plateia todo o amor e carinho que lhe dá forças para prosseguir. O documentário se desenvolve como uma matéria detalhada sobre o espetáculo montado visando tornar inesquecível a aparição da cantora em todos os momentos: antes, durante e depois do show.

Quem assiste ao documentário, tem uma noção de que o sucesso não acontece por acaso. Pode parecer clichê, mas fica mais do que óbvio que Katy Perry trabalhou arduamente para chegar onde está. E já com vitórias se acumulando, não apenas se deitou sobre os louros da fama e ficou de pernas para o ar. A estrela continua se esforçando dia após dia para melhorar e surpreender os fãs cada vez mais. Aliás, sobre a repercussão do filme: a própria Katy Perry foi à pré-estreia do longa-metragem, o que surpreendeu até mesmo seus fãs. Imagine só ir ao cinema para assistir à biografia da Katy e se deparar com ela sentada ao seu lado?!

Talvez o objetivo do documentário, dirigido por Dan Cutforth e Jane Lipsitz (mesmos produtores do filme de Justin Bieber, *Never Say Never*), que conta com uma montagem impecável de Scott Ritcher, seja retratar algo além do que um *reality show*. *Part of Me* é um relato de vida que suscita inspiração a todos que o assistem, independentemente de gênero ou idade. Katy espalha uma mensagem que estimula a busca pela própria felicidade; ela deseja que as pessoas se levantem todos os dias com vontade de viver. Katy demonstra esse desejo na prática, porque o documentário mescla momentos em que a diva pop enfrenta o extenso cansaço, exaurida pelas inúmeras apresentações e viagens ao redor do mundo, que contrastam com o brilho da *superstar* quando está no palco e dá o melhor de si, e pouco importa qual é o seu estado de espírito naquela ocasião. Ah, além do mais, o longa-metragem apresenta os incontáveis ensaios, as trocas de figurino, as montagens de cenários, entre outros tantos detalhes que fizeram da turnê *California Dreams* um grande sucesso... Enfim, vale cada minuto.

12
Repertório

Aqui estão todas as músicas que já foram cantadas pela cantora, organizados por ordem de acessos na internet:

1	The One That Got Away
2	This Is How We Do
3	Teenage Dream
4	Thinking of You
5	Wide Awake
6	California Gurls (feat. Snoop Dogg)
7	Part of Me
8	Last Friday Night (T.G.I.F.)
9	E.T. (feat. Kanye West)

10	Birthday
11	E.T.
12	Peacock
13	Ur So Gay
14	Legendary Lovers
15	Love Me
16	Waking Up in Vegas
17	Ghost
18	Not Like The Movies
19	Walking on Air
20	This Moment
21	Double Rainbow
22	Spiritual
23	Pearl
24	California Gurls
25	She's So Creepy
26	International Smile
27	It Takes Two
28	One of the Boys
29	A Cup of Coffee
30	Lost
31	Who Am I Living For?
32	Hummingbird Heartbeat
33	Circle the Drain
34	True Love (feat. Ke$ha)
35	Starstrukk (feat. 3OH!3)
36	Use Your Love

37	Mannequin
38	Ni**as in Paris
39	Last Friday Night (T.G.I.F.) (Official Club Remix feat. Missy Elliott)
40	The One That Got Away (Remix) (feat. B.o.B)
41	If We Ever Meet Again
42	Diamonds
43	Boogie Woogie Bugle Boy
44	Believe
45	Milk Lemonade
46	Dressin' Up
47	Last Friday Night (T.G.I.F.) (feat. Missy Elliott)
48	Friday
49	Simple
50	Naturally
51	I Can
52	I'm Still Breathing
53	Hey Jude
54	Choose Your Battles
55	Girls Just Wanna Have Fun (feat. Nicki Minaj)
56	Someone Like You
57	Who You Love (feat. John Mayer)
58	Hackensack
59	Brick by Brick
60	Born This Way

61	Fingerprints
62	Like a Virgin
63	My Boyfriend's Ex-Girlfriend
64	Piercing
65	Sellin Sex
66	Hot N Cold (Sesame Street)
67	If You Can Afford Me
68	You Miss Me
69	Viva
70	Tommie Sunshine's Megasix Smash-Up
71	Self Inflicted
72	Black and Gold
73	Weigh Me Down
74	Box
75	Don't Stop Me Now
76	I Think I'm Ready
77	Wish You the Worst
78	My Own Monster
79	Trust in Me
80	Rock God
81	Agree to Disagree
82	Spit
83	I Wanna Dance with Somebody
84	Bad Photographs
85	Search Me
86	Psycho Love
87	U Can Look But U Can't Touch

88	Only Girl (In The World) / Whip My Hair
89	Legends Never Die (feat. Ferras)
90	Build Me Up Buttercup
91	Watch Me Walk Away
92	Last Call
93	Goodbye For Now
94	It's OK to Believe
95	Bullet
96	Hot N Cold (Manhattan Clique Remix Radio Edit)
97	Just a Song
98	The Girl Next Door
99	T.G.I.Friday (feat. Rebecca Black)
100	Yesterday
101	Faith Won't Fail
102	I Do Not Hook Up
103	Damn
104	Playing House
105	Wanna Be
106	Long Shot
107	When There's Nothing Left
108	Electric Feel
109	Nothing Like the 1st Time
110	Head Over Heels
111	Beast of Burden (feat. The Rolling Stones)
112	Takes One to Know One

113	Breakout
114	Speed Dialin
115	The Driveway
116	Broken (feat. The Matrix)
117	Time's Up (feat. Ashley Tisdale)
118	Would You Care
119	The Better Half of Me
120	Man's World (feat. Jadyn Maria)
121	Love Is Train (feat. The Matrix)
122	Please Mister Postman
123	That's More Like It
124	Beyond December
125	Lump
126	Growing Pains
127	Rush (feat. Ferras)
128	Take a Walk
129	Spend the Night
130	Everybody's Changing
131	In Between
132	None
133	White Christmas
134	EMA's Medley
135	High and the Lows
136	Hook Up
137	Stand & Deliver (feat. No Doubt)
138	Mr & Mrs Don't Give a Fuck

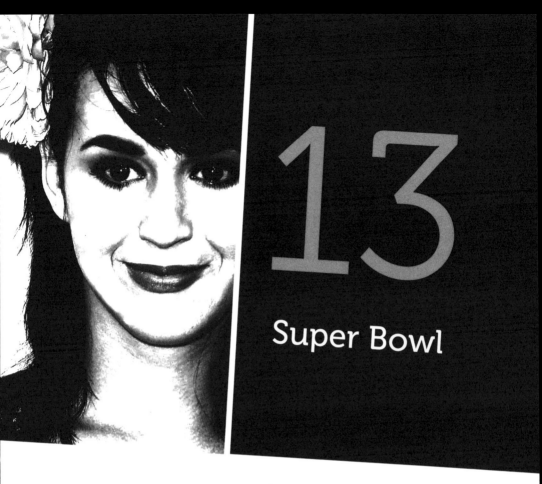

13

Super Bowl

Aqui, vamos contar em detalhes como foi a apresentação mais inesquecível e marcante de toda a carreira de Katy Perry, que a consagrou como ícone da música pop nos Estados Unidos, no início de 2015.

Faltando menos de um mês para o show, ela estava superansiosa, e afirmou se sentir como uma criança animada quando recebeu o convite, de tanto entusiasmo. Na ocasião, lembrou-se do espetáculo memorável do Super Bowl de 2013, protagonizado pela musa Beyoncé, e comentou que "quando ela se apresentou, eu parecia uma criança de 9 anos de idade encolhida na frente da TV. Nem estava sentada no sofá. Cheguei na frente da TV e sentei com as pernas esticadas para a frente e comecei a assistir; nem pisquei".

Sonhadora, Katy também almejava ser a estrela de um espetáculo tão grandioso e notável e relata que ficava se perguntando: "Quando será que meu telefone vai tocar e vou receber uma proposta dessas?". Ela, que tanto fala sobre pensamento positivo, no poder do acreditar e do sonhar, deve ter se sentido muito entusiasmada ao assistir ao show e aspirar à sua própria participação no evento. Isso porque, dois anos depois, ela realmente recebeu o convite por meio de uma chamada telefônica.

[...] Significa que meus sonhos se tornaram maiores ainda do que jamais sonhei e estou assustada, da melhor forma possível, por todas as coisas que já manifestei na minha vida. Mas sei que tudo isso é fruto de trabalho árduo. Quando tinha nove anos, eu sonhava em me tornar quem sou hoje, e nunca imaginaria em um milhão de anos que isso exigiria tanto trabalho, dedicação e foco. Porque chegar ao topo é uma coisa. Parece que nesses dias, com a internet, você aparece bem no momento certo, diz a coisa certa ou posta uma música no SoundCloud e, de repente, está famoso. Ou bem-sucedido. Mas não é sobre isso, é sobre se manter nesse nível. E quando você chega ao topo, é cem vezes mais difícil manter-se lá. Então, eu quero sempre ver se está tudo bem comigo mesma e ter certeza de que estou sendo autêntica com a minha música, com a minha mensagem e com as minhas letras; estou lembrando por que música foi tão importante para mim quando era mais jovem. Música foi a amiga que me entendia. Estava falando a língua que eu precisava ouvir, fosse qual fosse a situação pela qual eu estivesse passando. Não fez eu me sentir tão sozinha. E é esse tipo de música que quero escrever, eu quero usar para conectar as pessoas.

Tocar no Estado do Arizona parecia fantástico para ela: "Estou muito feliz que seja no Arizona, porque você não tem surpresas com o clima. Tipo, se fosse na Costa Leste, só Deus sabe que tipos de planos B, C, D, E, F, G eu teria de colocar em prática no dia. Então, eu gosto de vocês e do seu clima".

Ela estava centrada para o dia do jogo, já que teria de decidir exatamente o que funcionaria em um show completo para causar impacto no telespectador. Sobre a difícil missão de escolher as músicas que mais agradassem ao público, ela revelou que um show normal costumava contar com duas horas e dez minutos de duração. No entanto, um espetáculo de doze minutos e meio requeria maior atenção a detalhes, para que as canções selecionadas fossem adequadas ao público; teriam de ser interpretadas como um *medley* composto por "hinos", que todos saberiam cantar junto.

Programando-se para o *pocket show*, ela mencionara que desejava inovar:

Porque eu mudo nove ou dez vezes durante os shows em uma turnê. Eu me sentiria muito entediada se não mudasse de roupa pelo menos uma vez. Ainda estamos no processo de ajuste das coisas, como se costuma dizer. Ouvi dos antigos *performers* que as coisas mudam até o último dia; então, tenho de ser compreensiva.

Uma mulher com o talento e a positividade de Katy jamais desapontaria os telespectadores.

 Eu acho que é o talento, a ambição, a direção e a perspectiva. Você tem de trazer uma perspectiva única para um lugar tumultuado, sabe? Tem de ser mais único que a média. Acho que é sobre cavar até o lugar mais vulnerável dentro de si e ser honesto consigo mesmo, compartilhando sua verdade. Para mim, quero dizer, existem todos os tipos de música. Existe a música "vou para a balada" e tem a música que toca seu coração. E eu quero ser uma combinação de ambas, porque eu não posso chorar a todo momento! Eu quero sorrir. Quero trazer muita alegria para essa performance no Super Bowl. Quero focar meus pontos fortes, como cores, humor, atitude e alegria.

Nessa entrevista que antecedeu o dia da apresentação, ela nem imaginava o que estava por vir. Contudo, como sempre, esbanjava autoconfiança, mesmo ansiosa por estar às vésperas de um acontecimento tão importante.

 Acho que o Super Bowl foi meio que reinventado de uma forma que eles querem atrair uma geração mais jovem, e você pode ver isso com a Beyoncé e o Bruno – Bruno foi um dos mais jovens de toda a história a cantar lá. Meu show é de oito a oitenta. E eu acho que a NFL gostou disso, que eu posso falar com alguém de oito anos de idade e ainda usar a mesma linguagem para alguém que tem oitenta anos. Penso que eles querem se divertir e sabem que sou divertida e que não me levo a sério demais. Terá algo para todo mundo.

Já no tão esperado dia, quando entrou o intervalo da final do campeonato, os olhares dos torcedores permaneceram voltados para o centro do campo. Ao som de "Roar", ela surgiu majestosa, montada em um robô gigante, em formato de tigre dourado, e acendeu a plateia de maneira contagiante. Na internet, a audiência foi a maior de todos os tempos. A morena bateu recorde de audiência nos Estados Unidos com o show, alcançando a marca de 118,5 milhões de espectadores!

Na sequência, foi a vez da música "Dark Horse". O palco deu lugar a um maravilhoso show de luzes que formaram a imagem de um grande tabuleiro de xadrez, com direito a bailarinos fantasiados de cavalos e tudo o mais. Katy afirmou em uma entrevista que havia chances de incluir uma consagrada figura do rock em sua apresentação.

Qual não foi a surpresa do público quando ela foi acompanhada pelo lendário Lenny Kravitz! A dupla fez o estádio tremer, e a guitarra de Lenny incendiou a apresentação de "I Kissed a Girl", durante a qual a cantora comportou-se de maneira ousada, ajoelhando-se aos pés de Lenny e balançando ferozmente os cabelos.

A comentada mudança de roupa realmente aconteceu, e o cenário foi substituído de forma fantástica. De repente, o ambiente futurista e metálico deu espaço para o aparecimento de uma praia inesperada, onde Katy interpretou "Teenage Dream" e "California Gurls". Foi enquanto essas duas canções eram entoadas que o pico de audiência e os *trending topics* do Twitter revelaram a quantidade de pessoas que estavam com os olhos vidrados na atração.

De súbito, um elemento surpresa despontou no palco da edição XLIX do Super Bowl. Katy Perry, que havia saído do campo de visão dos espectadores, voltou, só que dessa vez acompanhada por outra cantora: a rapper Missy Elliott. Em ritmo dançante, elas levantaram o público presente no estádio de Glendale com os sucessos "Get Ur Freak On" e "Work It". Missy também teve seu momento e ainda sacudiu o público com "Lose Control". O *grand finale*, porém, ficou por conta da volta de Katy Perry que, coberta por um novo figurino, cantava um de seus maiores sucessos: "Firework". Ela se pendurou em uma estrutura que simulava uma estrela cadente e voou pelo estádio enquanto cantava, ao mesmo tempo em que radiantes fogos de artifício, é claro, iluminaram a performance.

14
Games

Sem sombra de dúvidas, Katy Perry é uma das celebridades mais conhecidas nos Estados Unidos. Depois de sua fenomenal apresentação no Super Bowl, ela ganhou mais estrelinhas em seu *hall* de conquistas e foi convidada para estrelar um novo jogo de videogame.

Depois do sucesso de *Kim Kardashian: Hollywood*, os empresários da Glu Mobile, produtora de jogos para dispositivos móveis, estavam em busca de uma personalidade marcante que se tornasse o novo sucesso nos games. E encontraram: "Katy é, indiscutivelmente, a cantora mais conhecida dos Estados Unidos, ainda mais depois de sua apresentação no Super Bowl no último domingo", disse o presidente da Glu, Niccolo de Masi. "Ela é um ícone cultural e nós esperamos traduzir elementos-chave do sucesso dela em uma experiência inovadora e muito divertida."

A companhia confirma a tendência de seguir o modelo inspirado pelo jogo de Kim Kardashian, no qual o jogador pode criar seu próprio personagem para trilhar os caminhos rumo ao sucesso. De acordo com o portal de notícias sobre tecnologia *The Verge*, o game promete incluir, além da imagem da beldade, a voz e a personalidade de Katy Perry, focando-se em contextualizar o ambiente do aplicativo nos desafios da indústria musical.

Katy não para por aí. Além de ter servido como musa inspiradora para um game inteirinho, ela ainda marcou presença em *The Sims*. Na edição 3 da franquia, na qual é possível aderir a um tema repleto de doces e guloseimas – o que tem tudo a ver com o mundo de Katy Perry –, a cantora inclusive gravou versões de suas músicas em "SimLish", língua fictícia falada pelos personagens do jogo.

Os hits da artista também apareceram nas seleções musicais de jogos de dança, como *Dance Central* e *Just Dance*. Entre as várias edições de *Just Dance*, constam canções como "Roar", "Firework", "California Gurls", "Birthday" e "Dark Horse".

15
Dançarinos

Que ninguém faz sucesso sozinho, todo mundo sabe – parte considerável de um grande espetáculo precisa ter um *mix* de pessoas bacanas. Mas os dançarinos de Katy Perry são, definitivamente, um show à parte.

No dia da apresentação no Super Bowl, um dos dançarinos de Katy superou todas as expectativas. Scott Myric, o bailarino que estava fantasiado de tubarão, dançava como se ninguém estivesse olhando. No entanto, havia 118 milhões de pessoas olhando o "left shark", ou seja, o tubarão que ficou sozinho no palco, e Myric tornou-se uma celebridade instantânea, passando a estrelar capas de revistas e sendo até mesmo convidado para dar entrevistas divertidas em programas de TV. O público não perdeu nenhum detalhe da repercussão do caso.

E não foi apenas esse episódio que lançou as luzes dos holofotes sobre os dançarinos de Perry. Um outro incidente, mais polêmico, no entanto, ocorreu: a cantora Taylor Swift acusou Katy Perry de "roubar" seus dançarinos. Mas, o que, de fato, aconteceu? Simples: Katy adorou a performance de três dos dançarinos de Taylor e os convidou para uma turnê enquanto eles ainda estavam com a moça. Os três aceitaram, deixando o corpo de dançarinos de Taylor desfalcado. Taylor, então, confessou aos amigos que se sentiu traída; falou que se sentia muito próxima dos bailarinos e que eles a abandonaram na primeira oportunidade que apareceu. Há quem assegure que ela até chegou a criar uma música para a rival (seria "Bad Blood"?), com o intuito de deixar registradas as suas mágoas.

Outro dançarino de Katy que faz um sucesso danado com as mulheres é Lockhart Brownlie. Ele, em geral, aparece com o corpo à mostra – corpo esse muito bem definido, por sinal – e enlouquece as fãs. Australiano, tem 23 anos completos e trabalhou com Katy na turnê *California Dreams*, figurando também no documentário biográfico da cantora. Lockhart é um dos três que estavam com Taylor Swift e que foram correndo dançar ao lado de Katy, embora o bailarino possa ser visto ao lado de Taylor, no VMA, e também em um clipe da moça. Talvez por ser tão, digamos, irresistível, seja disputado a tapa pelas cantoras mais incríveis do momento, mas ele gosta desse assédio todo. O bonitão alega que a parte mais difícil de ser dançarino é manter o condicionamento para as turnês: "Me preparar para turnês significa treinamento de até oito horas por dia durante seis dias da semana, e os ensaios semanais podem durar até catorze horas".

As notícias em torno dos gatos que acompanham Katy de um lado para o outro ao redor do mundo não param por aí. Já se falou até que ela teria sido consolada por um de seus dançarinos quando se separou de Russell Brand, e o site *Female First* deu os detalhes do suposto ocorrido, dizendo que Malik Le Nost era o nome do moço, e que ele teria ajudado a cantora a recuperar-se do momento difícil pelo qual passava. "Durante a turnê no ano passado, Katy ficou muito próxima de sua banda e de seus bailarinos, e todos sabiam quanto Katy estava sofrendo", revelou uma fonte para o site, que completou: "Durante uma viagem para a Índia, Katy passou muito tempo com Malik. Eles ficavam até altas horas bebendo e conversando no bar do hotel". Mas Katy não liga muito para comentários. Durante a turnê *California Dreams*, deu uma escapada com os bailarinos e a produção para se divertir no Six Flags, um parque superbadalado de lá.

16
Prêmios e outras conquistas

Prêmio é o que não falta na estante de Katy Perry. Ela já ganhou mais de 200, e suas maiores conquistas incluem 5 VMAs, 14 People's Choice Awards, 5 AMAs, 6 EMAs, 6 Billboard Awards, 7 Teen Choice Awards e 13 Certificados VEVO. A seguir, relacionaremos as principais conquistas, dentre esses mais de 200 feitos artísticos.

AMERICAN MUSIC AWARDS (AMA)

2011 — Prêmio especial por ter cinco músicas do mesmo álbum em 1º lugar na Billboard — Katy Perry
2012 — Melhor Cantora de Pop/Rock — Katy Perry
2014 — Melhor Cantora de Pop/Rock — Katy Perry

2014 — Melhor Artista Adulta Contemporânea — Katy Perry

2014 — Single do Ano — *Dark Horse*

BRIT AWARDS

2009 — Artista Feminina do Ano — Katy Perry

MTV EUROPE MUSIC AWARDS (EMA)

2008 — Artista Revelação — Katy Perry
2010 — Melhor Vídeo — "California Gurls"
2011 — Melhor Show — Katy Perry
2013 — Melhor Artista Feminina — Katy Perry
2014 — Melhor *Look* — Katy Perry
2014 — Melhor Vídeo — "Dark Horse"

MTV VIDEO MUSIC AWARDS (VMA)

2011 — Vídeo do Ano — "Firework"
2011 — Melhor Colaboração — "E.T."
2011 — Melhores Efeitos Especiais — "E.T."
2012 — Melhor Direção de Arte — "Wide Awake"
2014 — Melhor Vídeo Feminino — "Dark Horse"

PEOPLE'S CHOICE AWARDS (PCA)

2009 — Música Favorita do Ano — "I Kissed a Girl"
2011 — Artista Favorita Feminina — Katy Perry
2011 — Celebridade da Web Favorita — Katy Perry
2012 — Estrela Convidada Favorita na TV — em *How I Met Your Mother*

2012 — Artista Favorita Feminina — Katy Perry
2012 — Música Favorita do Ano — "E.T."
2012 — Videoclipe Favorito — "Last Friday Night (T.G.I.F.)"
2012 — Melhor Turnê — The California Dreams Tour
2013 — Artista Favorita Feminina — Katy Perry
2013 — Artista Pop Favorita —Katy Perry
2013 — Videoclipe Favorito — "Part of Me"
2013 — Fãs de Música Favoritos — KatyCats
2014 — Música Favorita do Ano — "Roar"
2014 — Videoclipe Favorito — "Roar"

BILLBOARD MUSIC AWARDS (BMA)

2011 — Artista Top Hot 100 — Katy Perry
2011 — Artista Top Digital Songs — Katy Perry
2012 — Spotlight Award — Katy Perry
2012 — Mulher do Ano — Katy Perry
2014 — Artista Top Digital Songs — Katy Perry
2014 — Melhor Artista Feminina — Katy Perry

NRJ MUSIC AWARDS

2009 — Álbum Internacional do Ano — *One of the Boys*
2013 — Música Internacional do Ano — "Roar"
2013 — Artista Feminina Internacional do Ano — Katy Perry

TEEN CHOICE AWARDS (TCA)

2008 — MySpacer Favorita — Katy Perry
2010 — Melhor Single — *California Gurls*
2010 — Melhor Música de Verão — "California Gurls"

2011 — Melhor Artista Feminino — Katy Perry
2012 — Filme de Verão Favorito — *Katy Perry: Part of Me*
2012 — Ícone Fashion Feminino — Katy Perry
2014 — Rainha das Redes Sociais — Katy Perry

VEVO AWARDS

2012 — Certificado 100 milhões de visualizações — "Firework"

2012 — Certificado 100 milhões de visualizações — "E.T."

2012 — Certificado 100 milhões de visualizações — "California Gurls"

2012 — Certificado 100 milhões de visualizações — "Teenage Dream"

2012 — Certificado 100 milhões de visualizações — "Last Friday Night (T.G.I.F.)"

2012 — Certificado 100 milhões de visualizações — "The One That Got Away"

2012 — Certificado 100 milhões de visualizações — "Part of Me"

2013 — Certificado 100 milhões de visualizações — "Wide Awake"

2013 — Certificado 100 milhões de visualizações — "Hot N Cold"

2013 — Certificado 100 milhões de visualizações — "Roar"

2014 — Certificado 100 milhões de visualizações — "Dark Horse"

2014 — Certificado 100 milhões de visualizações — "Unconditionally"

2014 — Certificado 100 milhões de visualizações — "This Is How We Do"

2014 — Hot This Year Awards, Melhor Clipe Pop — "Dark Horse"

2014 — Hot This Year Awards, Melhor Clipe Certificado — "Dark Horse"

2014 — Hot This Year Awards, Clipe do Ano — "Dark Horse"

2014 — Hot This Year Awards, Melhor Lyric Video — "Birthday"

ASCAP POP MUSIC AWARDS

2009 — Música Mais Executada — "Hot N Cold"

2009 — Música Mais Executada — "I Kissed a Girl"

2010 — Música Mais Executada — "Hot N Cold"

2010 — Música Mais Executada — "Waking Up in Vegas"

2011 — Música Mais Executada — "California Gurls"

2011 — Música Mais Executada — "Teenage Dream"

2012 — Música Mais Executada — "Firework"

2012 — Música Mais Executada — "Teenage Dream"

2012 — Música Mais Executada — "E.T."

2012 — Música Mais Executada — "Last Friday Night (T.G.I.F.)"

2013 — Música Mais Executada — "The One That Got Away"

2013 — Música Mais Executada — "Part of Me"

2013 — Música Mais Executada — "Wide Awake"

MTV

2011 — Artista do Ano — Katy Perry

ELLE STYLE AWARDS

2014 — Mulher do Ano — Katy Perry

MUCHMUSIC VIDEO AWARDS
2012 — Vídeo Internacional do Ano — "Last Friday Night (T.G.I.F.)"
2012 — Artista Internacional do Ano — Katy Perry

FIFI AWARDS
2011 — Melhor Lançamento de Perfume — *Purr*

FHM MAGAZINE
2011 — Mulher Mais Sexy do Mundo — Katy Perry

MAXIM MAGAZINE AWARDS
2010 — Mulher Mais Sexy do Mundo — Katy Perry

PRÊMIOS MEXICANOS TELEHIT
2014 — Clipe do Ano — "Dark Horse"
2014 — Melhor Álbum Pop — *Prism*

KIDS' CHOICE AWARDS
2011 — Artista Favorita Feminina — Katy Perry
2012 — Voz Favorita em Animação — Smurfette
2013 — Artista Favorita Feminina — Katy Perry

AUSTRALIAN KIDS' CHOICE AWARDS
2011 — Música Favorita — "California Gurls"
2012 — Artista Internacional Favorito — Katy Perry

CANADA CONSUMERS' CHOICE AWARDS

2014 — Melhor Perfume Feminino — *Killer Queen*

BMI AWARDS

2011 — Música Premiada — "California Gurls"
2011 — Música Premiada — "Firework"
2011 — Música Premiada — "Last Friday Night (T.G.I.F.)"
2011 — Música Premiada — "Teenage Dream"
2011 — Música Pop do Ano — "Firework"

ECHO MUSIC AWARDS

2009 — Melhor Música Internacional — "I Kissed a Girl"
2011 — Melhor Artista feminina Internacional — Katy Perry

ESKA MUSIC AWARDS

2009 — Álbum Internacional do Ano — *One of the Boys*

FONOGRAM AWARDS

2009 — Melhor Álbum Internacional de Pop/Rock — *One of the Boys*

GLAMOUR WOMEN OF THE YEAR AWARDS

2009 — Revelação do Ano — Katy Perry
2011 — Melhor Artista — Katy Perry

IFPI PLATINUM EUROPE AWARDS
2009 — Melhor Título de Álbum — *One of the Boys*
2011 — Melhor Título de Álbum — *Teenage Dream*
2014 — Melhor Título de Álbum — *Prism*

IVILLAGE ENTERTAINMENT AWARDS
2012 — Melhor Clipe — "Last Friday Night (T.G.I.F.)"

J-14 TEEN ICON AWARDS
2011 — Melhor Single — *Firework*
2011 — Artista Ícone — Katy Perry

JUNO AWARDS
2011 — Álbum Internacional do Ano — *Teenage Dream*

JUSUS MEDIA AWARDS
2012 — Artista do Ano — Katy Perry
2012 — Melhor Música — "The One That Got Away"
2012 — Melhor Música que Não Virou Single — "Pearl"

SOUL AND JAZZ AWARDS
2010 — Melhor Colaboração — "California Gurls"
2010 — Hit do Ano — "Teenage Dream"
2011 — Álbum do Ano — *Teenage Dream*
2011 — Artista do Ano — Katy Perry
2011 — Single do Ano — *Teenage Dream*
2011 — Clipe do Ano — "Teenage Dream"

SPIKE TV'S GUYS CHOICE AWARDS
2009 — Melhor Sedutora — Katy Perry

TEEN MUSIC
2009 — Artista Revelação — Katy Perry

VIRGIN MEDIA MUSIC AWARDS
2009 — Melhor canção — "I Kissed a Girl"
2013 — Melhor Vídeo — "Wide Awake"

E agora, vamos falar de recordes? Os números em torno de Katy Perry só crescem. Ao observar o crescimento dela, é inevitável pensar: "Uau, que mulher é essa?!". Então, é uma mulher muito bem-sucedida naquilo que faz (e faz muito bem), tanto que os números estão aí, para confirmar o seu sucesso.

Depois de ser consagrada como uma das maiores artistas da era digital, Katy é também uma das cantoras que detêm um dos maiores números de execuções em serviços de *streamings* como Rdio, Spotify e YouTube. Para se ter uma ideia da grandiosidade, em seis meses, nos Estados Unidos, sua música "Dark Horse" foi executada cerca de 188 milhões de vezes, com aproximadamente 43 milhões de execuções a mais que o cantor John Legend, posicionado logo em seguida. "Dark Horse" também foi a segunda música mais baixada em 2014, com mais de 4 milhões de cópias digitais vendidas.

Além disso, a artista é a mais vista na Vevo Brasil, com "Dark Horse" liderando o *ranking* dos mais assistidos, tendo também emplacado outro hit na lista, "Roar", que figura na quarta colocação. Katy bate recordes dela mesma: "Dark Horse" superou os números de "Roar" nas rádios dos Estados Unidos, atingindo mais de 16 milhões de execuções em apenas uma semana. O álbum *Prism* como um todo, lançado em 2013, já era o oitavo álbum mais vendido na primeira metade do ano. "Roar" também não ficou para trás: obteve o quinto certificado de platina nos Estados Unidos, sendo a quinta música de Katy a ultrapassar essa marca. Impressionante, hein?

FACEBOOK E INSTAGRAM

Em sua página do Facebook, Katy tem mais de 70 milhões de seguidores – um dado que só tende a aumentar –, e no Instagram, mais de 15 milhões de fãs seguem a diva.

Katy gosta de postar fotos de todos os tipos de situações; em cada viagem que faz, não perde tempo nem economiza nos cliques. Visita museus, elabora textos sobre os locais visitados e gera uma repercussão mundial à medida que emite opiniões sobre os mais diversos assuntos.

Para Katy, não precisa existir uma distância entre ela e os fãs: seu público participa ativamente de sua vida, acompanhando on-line todos os seus passos. Esse comprometimento com o público também gera ansiedade e descontrole em seus fiéis admiradores, que não se contentam com meras especulações e mantêm-se ávidos por novidades que venham direto da fonte. Às vezes, porém, Katy dá um tiro no próprio pé, como aconteceu no início de abril de 2015, quando ela postou uma foto do seu cachorro... Até aí, tudo bem. Acontece que o cachorro dela tem uma plaquinha de identificação pendurada no pescoço, onde consta o número do telefone de Katy, que aparecia completamente legível na foto... Imagine só o efeito de divulgar seu número de telefone para 70 milhões de pessoas?

17
Relacionamentos

Vamos discutir a relação? Ou melhor, as relações de Katy! Vamos, é claro! Então, senta que lá vem história – e das boas. Embora estejamos deixando esse assunto para o final, evitando falar dos sofrimentos e traumas pelos quais Katy passou, sabemos sobre sua força inesgotável para superar dificuldades. Como todo mundo, nossa estrela também passou por perrengues em sua vida amorosa.

Seu primeiro relacionamento divulgado abertamente ao público foi com Travis McCoy, vocalista da banda Gym Class Heroes, e o *affair* terminou justamente porque foi difícil conciliar trabalho e vida pessoal. Até aí, tudo bem, porque conciliar qualquer coisa com uma carreira tão cheia de compromissos deve ser difícil mesmo. No entanto, foi nesse ínterim que ela conheceu Russell Brand.

    Logo de início, os dois tiveram uma química avassaladora. Ele, humorista sagaz, e ela, escorpiana sedutora e detentora de um humor ácido e inteligente, capaz de certamente deixá-lo desconcertado. Russell, porém, era conhecido na Inglaterra como o conquistador dos conquistadores, e Katy teria de lidar com o fato de que o relacionamento com Russell tinha grandes chances de ser "oito ou oitenta": apenas um flerte ou um namoro sério, com potencial para mudá-lo de verdade.

    Para amigos, ele confidenciava que estava realmente apaixonado e que era a primeira vez que uma mulher o tirava do prumo: era esperta, não dava bola para ele e, ao mesmo tempo, mandava fotos de seus seios com mensagens escritas com batom – audaciosa, Katy Perry sabe como conquistar o coração de alguém.

    O namoro se oficializou e as especulações, claro, foram muitas. Será que a paixão sobreviveria à primeira traição de Brand? A fama que o precedia na Inglaterra era de que ele era um péssimo companheiro, pois não se tinha notícia de uma celebridade que havia colecionado mais mulheres na vida do que ele. Os fãs de Katy ficaram no pé do moço, e os fotógrafos não paravam de segui-lo, todos à espera de uma "escorregada" para desmascará-lo. Ninguém acreditava que o maior sedutor da Europa estivesse completamente entregue a uma mulher.

    O fato é que ele estava apaixonado, e para um homem apaixonado não existem limites.

    Em uma viagem para a Índia, ele propôs casamento a Katy (dá para imaginar aqueles olhos lindos e azuis cheios de lágrimas?), afirmou que por ele casariam-se ali mesmo, naquele lugar maravilhoso, repleto de devaneios apaixonados. E ela aceitou.

Então, a mídia internacional em peso entrou em cena. Afinal, seria o casamento de duas celebridades. Todo mundo especulava onde aconteceria a celebração da união do casal e como ela seria organizada. Seria nos Estados Unidos, em Santa Bárbara? Ou talvez na Inglaterra? Tudo era um mistério, e o segredo permaneceu muito bem guardado por um bom tempo.

Só que um casamento desse porte precisava de uma despedida de solteira à altura, e a de Katy foi organizada pela cantora Rihanna, que resolveu arregaçar as mangas e fazer uma bela noitada em Las Vegas. Todas as mulheres foram convidadas e viajaram sem hesitação até o centro mundial de cassinos, conhecido pelas festas mais badaladas do mundo.

O casamento, de fato, acabou sendo realizado na Índia. Inspirada pela cultura local, a cerimônia foi conduzida por um pastor, por causa das raízes protestantes da família de Katy. Entre os convidados, figuraram apenas a família e os amigos mais próximos do casal – nenhum *paparazzo* teve acesso ao local, tornando a celebração mais intimista e reservada.

Mas como nem tudo são flores, os empecilhos cotidianos se apresentaram. Como todo mundo sabe, é preciso conceder muito tempo a um casamento e, com a retomada das turnês de Katy, a vida de casada saiu prejudicada. Katy se esforçava: entre um show e outro, sempre descolava um tempinho, nem que fossem apenas algumas horas, para pegar um avião e ver seu marido. Em outras ocasiões, chegou a levá-lo a tiracolo em suas viagens, despedindo-se sempre com um doce beijo antes das apresentações.

Até que chegou o fatídico dia. Ela aguardava para subir ao palco na cidade de São Paulo, com mais de 20 mil pessoas ansiosas em vê-la, quando Brand enviou uma mensagem de texto que colocou um ponto final na história de amor do casal. O resto da história já é conhecida, e foi inclusive detalhada no documentário biográfico de Katy, o *Part of Me*.

O fim do casamento foi muito comentado pela imprensa mundial, que divulgou especulações sobre o término. Teria ele traído Katy? Será que ela já estava cansada? O que importa é que ela reagiu de uma maneira que ninguém poderia prever: lançou um filme no qual mostrava justamente o momento em que ele a dispensou. Um momento frágil, com certeza, mas também de triunfo. Ela aparece no filme como se dissesse: "Olha só, querido, milhares de pessoas me amam, não preciso do seu amor". Ela foi às telonas e deu sua versão dos fatos, como uma *lady*, sem nunca citar o nome dele de maneira negativa.

Nas entrevistas que se seguiram, meses depois, ela admitiu que se culpou por muito tempo pelo término do casamento. Confessou que pensava ficar tempo demais longe de casa e que fora essa a causa do rompimento, mas depois percebeu que um companheiro de verdade jamais cobraria a presença da esposa, sabendo que ela está vivendo o sonho de sua vida.

E o sonho de Katy era brilhar nos palcos, pelo mundo afora, trazendo alegria e diversão aos seus fãs. Do limão, ela fez uma bela limonada, escrevendo letras de música sobre superação e mostrando como se tornou forte a partir do término. Guerreira até o último fio de cabelo, Katy dedicou-se à carreira e pareceu esquecer essa história de relacionamento: queria focar em seu sonho, sem deixar que ninguém a distanciasse do sucesso.

Cogitava-se que Russell Brand havia traído Katy, como fez em relacionamentos anteriores. Mas, depois do término, o comediante afirmou com todas as letras que se comprometera inteiramente com Katy durante o tempo que estiveram juntos:

> Quando estou em um relacionamento, sou fiel àquela pessoa e aos acordos da relação. Eu experimentei o casamento e adorei, realmente, acho que ela é uma pessoa maravilhosa. É que é muito difícil, não é? Ela tem várias opções e eu também, então você tem de realmente querer isso.

Quando questionado sobre qual foi o real motivo da separação, Russell respondeu que "um pouco foi por causa da fama", mas que acha que "casar é ter uma pessoa que se torna tão importante quanto você".

Como já é de conhecimento público, ele era um ávido apreciador de sexo e de mulheres, e engatou um namoro logo depois de Katy, com a ex-Spice Girl Geri Halliwell. Ela se achava o máximo, mas "caiu do cavalo". Como assim? Ora, ela teve a ousadia de criticar justamente Katy Perry! "Katy não tinha paciência nem maturidade para entender Russell. Ela não tinha ideia de como levar o relacionamento", comentou Halliwell, dizendo que o relacionamento deles não iria terminar tão rápido quanto o casamento dele com Perry. Porém, no mesmo dia em que fez essa declaração, Russell apareceu com uma nova namorada.

Foi então que surgiu a figura encantadora de John Mayer. O tipo? Daqueles que chegam de mansinho, dão um sorriso sedutor e, com música ao pé do ouvido, vão conquistando o seu coração até que se sinta a mais desejada das mulheres. Dadas as experiências anteriores, um homem assim era um bálsamo, e Katy se entregou mais uma vez ao amor.

Para os fãs, Katy e John eram sinônimo de casal perfeito: combinavam, eram lindos juntos, produziam boa música e eram os queridinhos do público. Ele repetia que ela era a mulher mais incrível que ele já conhecera, e ainda escrevia músicas para ela. Ah, o amor!

Quando dedicou "A Face to Call Home" para sua musa, alegava que ela era sua razão de ligar para casa. Ela também não economizava elogios, dizendo-se loucamente apaixonada e aparecendo com ele sempre que possível. John e Katy formavam um casal encantador, do tipo que dá vontade de imitar. Ela afirmava que seu amado tinha uma mente brilhante – embora, depois do término, ela tenha revelado que, além disso, ele também tinha uma alma torturada. Tudo muito bonito: juntos, os pombinhos fizeram um clipe da música "Who You Love", quando estavam naquela fase inicial do relacionamento e viviam "grudados", mas "o que era doce acabou-se", e ninguém nunca soube o porquê.

Daí, começaram as idas e vindas (eles eram vistos juntos esporadicamente). Porém, quando o relacionamento terminou de verdade, as especulações se tornaram reais, porque um caminhão de mudança parou na porta da casa dela para levar as coisas de John Mayer embora.

Ele seguiu em frente. Isso foi um grande despertar para mim. Percebi que poderia perder a pessoa que amo e tive de lidar com algumas coisas; problemas que, suponho, a maioria das mulheres tem. Pode ser que você seja forte em um aspecto da sua vida, mas submissa em outro.

Katy disse que fez o que foi preciso para se manter ao lado do amado. "Para mim, era difícil falar e estabelecer certos limites nos relacionamentos. Acho que muito disso tinha a ver com o medo da perda", declarou.

Toda a mídia só falava no quanto John estava sofrendo com o término. Aparentemente derrubado, e cada vez mais magro, ele emagreceu cerca de 14 quilos depois do término (não foi pouca coisa!). Os amigos diziam que John, pensando que tinha encontrado sua alma gêmea, relaxara nos exercícios, por isso tinha voltado à forma física ideal após o rompimento. Mas, por outro lado, entrevistas com amigos revelaram que todos estavam preocupados com a perda súbita de peso do cantor.

Na primeira entrevista posterior ao término, Katy disse: "Talvez eu esteja mais realista, mas isso não significa menos romântica. Estou num momento de reflexão sobre mim mesma, no sentido de trabalhar a minha autoestima", disse ao programa *Fantástico*, da TV Globo. Para as revistas, um tempo depois, ela se mostrou ainda mais madura e falou sobre amor próprio e cuidar de si como único meio de ganhar o amor de outras pessoas:

O que aprendi é que, se você não tem o amor próprio como base, você não tem lugar de onde tirar esse amor para dar aos outros. Tive de aprender a cuidar primeiro de mim mesma para depois poder cuidar dos outros. Gosto de proteger e cuidar de todo mundo. Quero salvar as pessoas e esqueço de mim mesma nesse processo. Aprendi isso graças à terapia.

Segundo Katy, agora já não há tempo para se preocupar com besteiras:

 Procuro sempre pelas mesmas coisas: alguém que me faça rir, que seja sensível, que me ame e entenda a minha música e que seja inteligente [...] Infelizmente, em muitas ocasiões, acabei me envolvendo com pessoas que se sentiram intimidadas por mim. Eles dizem que não, mas isso acaba aparecendo a médio prazo. Eles se sentem ameaçados ou ficam ressentidos porque não sabem como lidar com isso. Os homens que escolhi são desafiadores, sim, mas também são absurdamente inteligentes e poéticos [...] Não estou interessada em domesticar ninguém, sou bastante selvagem.

Quando lhe perguntam quando pretende formar uma família, ela é taxativa:

Por que tenho de ser uma máquina de fazer bebês? Por que não posso ser uma empresária de sucesso primeiro? Quero ter um bebê, óbvio, mas também quero ter uma carreira. Quero ter minha própria gravadora. Quero ter uma turnê incrível. Então, terei todas essas coisas e, quando for a hora certa, terei um bebê.

Depois de todo esse alvoroço emocional, surgiram boatos de que ela estaria tendo um caso com Robert Pattinson, motivando-a a conversar com Kristen Stewart por mensagem de texto. Esses boatos surgiram porque Katy e o ator foram fotografados juntos, e ela não queria ser apontada como pivô da separação. "Mandei um SMS para ela [Kristen] dizendo: 'Sei que você viu todas essas notícias, mas saiba que eu nunca desrespeitaria você. Não sou esse tipo de pessoa. Só estou tentando ser uma amiga para ele, mas, infelizmente, tenho um par de seios'", defendeu-se Katy.

O tempo passou e ela começou um *affair* com o DJ Diplo, mas, dessa vez, tudo foi mantido longe dos holofotes. "Diplo já faz parte da vida dela, mas ela está mantendo isso muito, muito privado", contou uma fonte ao site *Hollywood Life*. Sabe-se que foi com ele que ela comemorou seu aniversário durante uma viagem romântica, mas Katy não quis abrir mais esse relacionamento ao público. Ela acredita que os anteriores podem ter dado errado justamente por causa das abordagens invasivas da mídia.

"Ela não quer ter a mesma cobertura de mídia que teve com os ex, John e Russell, porque isso teve um peso sobre essas relações, e uma das principais razões para terem dado errado", continuou a fonte. Katy também teria um fator a mais para deixar o relacionamento fora dos holofotes: proteger os filhos pequenos de Diplo de uma possível superexposição nos canais jornalísticos.

18 Características de Katy Perry

EXCENTRICIDADES

Katy Perry é uma pessoa excêntrica; não há dúvidas nesse quesito. Mas não para por aí: ela é muito generosa e tem uma tendência ambientalista. Por quê?

Bem, a cantora comprou os seis carros em que ela e sua equipe se locomoveriam e todos eles eram elétricos. O modelo escolhido foi o Fisker Karma (sedã de luxo com quatro portas), que é famoso por não poluir o ar, já que é movido a eletricidade e não a combustível. "No total, ela gastou quase um milhão de reais, e agora sua consciência está limpa", confidenciou um amigo da cantora a um portal de notícias.

INFLUÊNCIAS MUSICAIS

A potência da voz de Katy Perry é algo que deixa todo mundo hipnotizado. Ela tem facilidade para atingir notas agudíssimas, tendo sido já comparada a Avril Lavigne e a Lily Allen, também porque suas canções são mais desbocadas que o normal. Alguns disseram que a voz de Perry era mais bonita, e que a cantora detinha um senso de humor que falta em Avril Lavigne.

Perry citou Freddie Mercury, o vocalista da banda Queen, como sua principal influência musical, pois a "maneira sarcástica com que ele compunha e o ar de 'dane-se' foram primordiais" para a carreira dele. A atitude do cantor, além de sua exímia voz, foram fatores importantes para seu sucesso notório.

Enquanto o álbum *Teenage Dream* era produzido, ela declarou que se inspirou em Alanis Morissette, citando também as cantoras Cyndi Lauper e Madonna, além das bandas ABBA, Ace of Base e The Cardigans como inspirações para justificar as tendências musicais do álbum. Segundo ela, o disco possui fortes influências da música pop norte-americana da década de 1990, e tem o intuito de "fazer as pessoas pularem para cima e para baixo".

Logo no início da carreira de Perry, uma crítica de revista disse o seguinte:

> Suas habilidades de compor são fortes; é difícil acreditar que ela tem apenas 16 anos e tinha apenas 15 quando escreveu a maior parte dessas músicas. [...] Poderia ter sido só mais uma compositora adolescente imitando tendências musicais com letras cristãs. Em vez disso, ouço um

notável jovem talento emergente, uma compositora talentosa, que certamente vai longe nesse negócio.

SEU LADO SENSÍVEL

Katy Perry sempre está envolvida em ações bacanas, mas ela é do tipo que não precisa se gabar de suas boas ações. Em maio de 2009, participou do Life Ball, evento de gala ocorrido em Viena, na Áustria, para arrecadar fundos de auxílio ao combate da AIDS, e também posou com uma camiseta da campanha *Fashion Against* AIDS, que efetua doações provenientes das vendas de roupas a projetos na batalha contra a doença.

O videoclipe de "Firework" também fez menção a uma causa social que repercutiu mundialmente. Dedicado ao projeto *It Gets Better* (em tradução livre, "Vai melhorar"), que incentiva jovens LGBT a resistirem às represálias sofridas por sua orientação sexual, o clipe aborda temas como superação de todo e qualquer tipo de preconceito.

Katy dedicou parte da renda obtida com a venda de produtos de sua turnê mundial, *California Dreams*, para as vítimas do terremoto e tsunami de Tohoku, em 2011, que atingiu principalmente a cidade de Sendai, no Japão.

O coração da morena está sempre infestado de fortes emoções e, mesmo quando viaja a passeio, não consegue se desvincular de sentimentos que os lugares provocam. Quando visitou o Museu Estadual de Auschwitz, ela sentiu o coração pesado. Quando fez o show em Cracóvia, na Polônia, aproveitou para visitar o conhecido campo de concentração em Auschwitz, onde mais de um milhão e meio de pessoas foram mortas durante o Holocausto. Ela tinha a intenção de visitar um lugar histórico, mas não imaginara que o impacto emocional seria tão forte. "Hoje, meu coração está pesado", publicou na legenda de uma foto tirada lá, e também escreveu um texto copiado da placa do memorial:

 Que este local nunca deixe de ser um grito de desespero e um aviso para a humanidade, onde os nazistas assassinaram cerca de um milhão e meio de homens, mulheres e crianças, principalmente judeus de vários países da Europa. Auschwitz – 1940-1945

Orgulhosa por ser tão transparente nas redes sociais, Perry também disse que tudo que publica em seu Twitter é escrito por ela mesma. "Não é meu agente nem minha gravadora que publicam. Não estou vendendo um produto para as pessoas o tempo todo. Acho que as pessoas gostam de ter a oportunidade de saber mais sobre a minha vida, e eu sempre deixo todos informados sobre o que está acontecendo", afirmou.

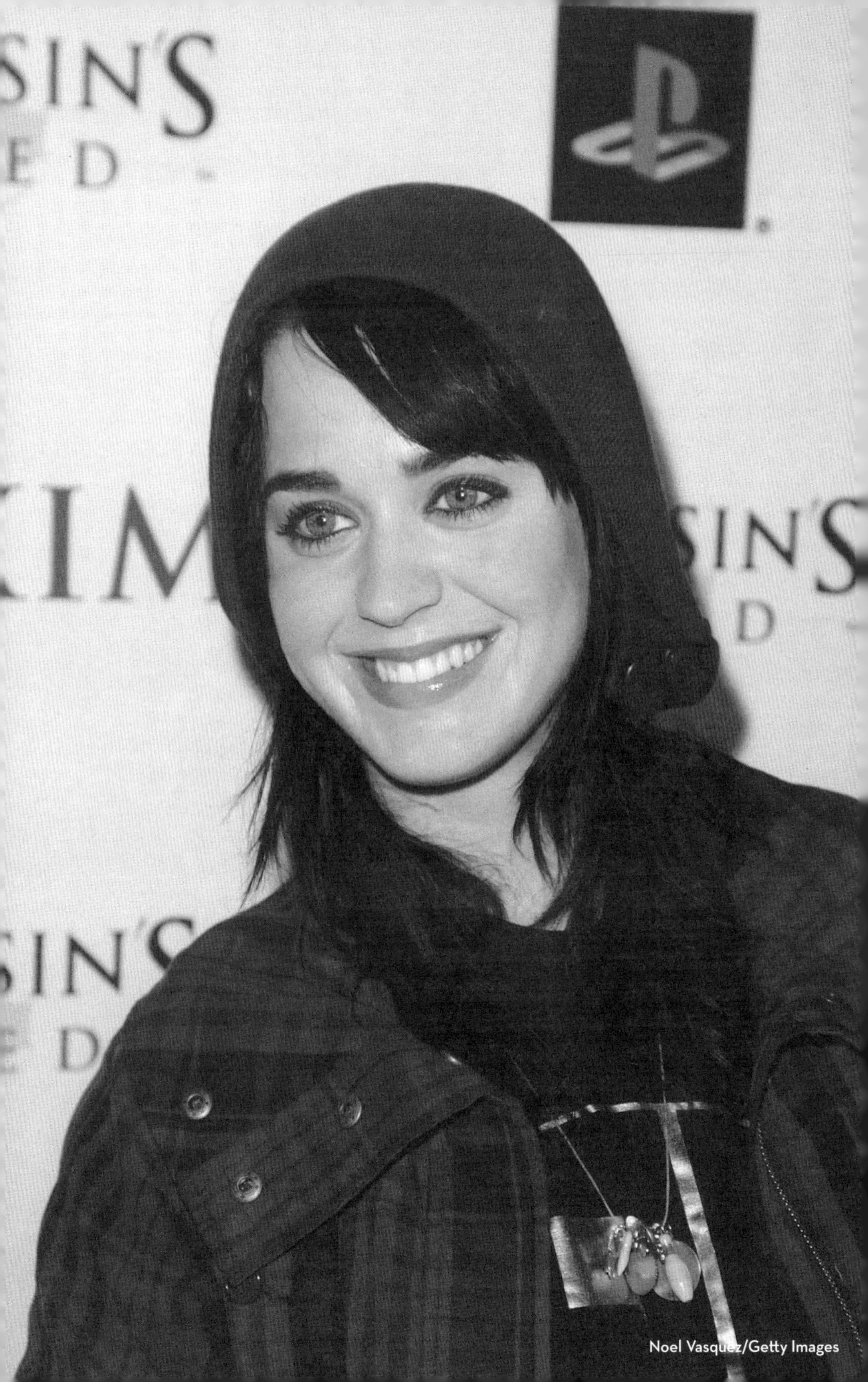

Noel Vasquez/Getty Images

O MAPA ASTRAL DE KATY

Muita gente se pergunta de onde vem esse dom de Katy Perry para comunicar-se tão bem com pessoas das novas gerações, e a resposta pode muito bem estar nos astros. Sim, nos astros, porque a escorpiana nasceu justamente no dia em que, pela primeira vez, o Sol formou uma conjunção com Plutão no signo de Escorpião. Isso significa que Katy sabe do que o povo gosta, sabe o que o povo quer, e sabe, principalmente, os gostos das pessoas da sua geração. Com o Sol em Escorpião e ascendente em Libra, ela é do tipo que tem ideias, muitas ideias. E todos sabem que as ideias de Katy não são iguais às de todo mundo.

Katy tem a mistura exata que a faz "viajar" antes de expressar o que pensa. É uma mulher que consegue conciliar o que todos precisam, a fim de criar algo na mesma linha de energia. É por isso que ela toca tanto o nosso coração. Embora tenha aquele jeitinho que parece estar seduzindo com a música (como uma boa e encantadora escorpiana), ela mergulha fundo quando precisa encarar um papel dramático. Ou seja, se nos palcos as pessoas acham que ela encarna um personagem, muito provavelmente é porque ela "vive" cada música com tanta intensidade, que consegue transmitir emoção não somente através da voz, como do corpo todo.

Dizem que Escorpião é o signo das crises, mas Katy parece tirá-las de letra. Por isso, toda vez que resolve expor seus sentimentos, em letras de músicas compostas por ela própria, o sucesso é garantido. A morena consegue tocar a alma das pessoas a partir da combinação entre as palavras significativas e melodias impactantes, que fazem o ouvinte mergulhar em emoções profundas.

    Segundo seu mapa astral, Katy é o tipo de pessoa que sempre vai se reinventar. Por isso, a cada álbum é possível esperar o seu melhor, porque ela veio para brilhar, e vai querer se superar em todos os trabalhos que fizer. E Katy é intensa. Todo mundo sabe disso. A intensidade da sua voz, da atitude no palco, das suas expressões e das polêmicas que causa tem origem em uma constante explosão interna, que ela sente necessidade de trazer à tona.

    Sua Lua em Sagitário pode significar uma absoluta ânsia por liberdade nos relacionamentos amorosos, enquanto o ascendente em Libra faz sua doçura autêntica parecer superficial. No mapa, também se destacam pontos que a mantêm como ícone de uma geração, como se pudesse brilhar no meio da multidão simplesmente por ser autêntica.

19
Os hinos de superação

"FIREWORK"

Já falamos das músicas específicas e contamos a história de todas elas, mas os hinos de superação de Katy Perry merecem um capítulo à parte. Fãs e admiradores do mundo todo são absolutamente unânimes em dizer que Katy tem o dom de entrar no palco e, literalmente, revigorar as energias de quem estiver ali, ainda que atabalhoado com problemas cotidianos. Ela dá uma chacoalhada e mostra que não há o que temer. Que existe uma luz interna, que qualquer coisa pode ajudar quem está disposto a não se entregar.

Aparentemente, em alguns momentos de sua vida, Katy não se deixou abater. Quando viu que podia desmoronar, seguiu adiante e brincou com a situação, mostrando-se mais forte que qualquer tsunami que tentasse derrubá-la. Para Katy Perry, uma simples onda jamais será motivo de derrocada. As músicas "Roar" e "Firework", não à toa a primeira e a última de seu repertório no Super Bowl, são os hinos de superação que todo mundo ama cantar.

Do you ever feel
Like a plastic bag
Drifting through the wind
Wanting to start again

Nesses versos de "Firework", a pergunta é profunda: "Você alguma vez já se sentiu como um saco plástico, voando com o vento, querendo começar de novo?", e traz uma reflexão forte e pertinente para os dias atuais: quantos jovens não se identificam com essas palavras e vagam por aí atrás de seus sonhos, para só depois descobrirem que, quando se sente vazio, não é possível chegar a lugar algum?

Sentir-se "como um saco plástico voando com o vento" é saber que se está sendo levado pela maré, sem direção nenhuma. É sentir que a vida está acontecendo em todos os lugares e que você não faz parte de nada, permanecendo completamente deslocado em todos os lugares a que vai. O hino prossegue, permeado por analogias muito significativas.

Do you ever feel
Feel so paper-thin
Like a house of cards
One blow from caving in

Quem nunca "se sentiu frágil, como um castelo de cartas prestes a desmoronar a um simples sopro"? Quem nunca teve aquele momento em que sua fragilidade é escancarada a olhos vistos e você pede que alguém tenha piedade e te destrua por inteiro? Um "castelo de cartas prestes a desmoronar" é uma estrutura muito delicada, em que não se pode mexer, porque pode ruir a qualquer momento. Como as situações em que, de tão exposto, não se sente suficientemente seguro para suportar um ataque ou, como cantado por Zeca Baleiro, você está "tão à flor da pele [que] qualquer beijo de novela [te] faz chorar". E aquela sensação de que tudo pode desmoronar a qualquer momento é tão real, que você só espera pelo trágico desfecho, como se este fosse inevitável.

Do you ever feel
Already buried deep
Six feet under
Screams but no one seems to hear a thing

Do you know that there's
Still a chance for you
Cause there's a spark in you

"Você alguma vez já se sentiu como se estivesse enterrado a sete palmos, gritando, sem que ninguém ouça nada? Você sabe que há uma chance, pois há um brilho dentro de você." Com uma imagem forte, ela dá voz a momentos de desespero profundo, em que o silêncio se instaurou e não é possível compartilhar com ninguém os problemas e as aflições. São momentos que todos já tiveram ou terão na vida, quando perceberam que pareciam enterrados, sem nenhuma perspectiva de futuro. No entanto, aí ela mostra que existe uma maneira de se reerguer. Basta acender a luz interna que há dentro de nós e permitir que ela se ilumine. "Dominar a noite", porque todos somos cheios de fogos de artifício e podemos ser capazes de estourar enquanto cruzamos o céu. Podemos surpreender a todos com o que somos capazes.

Todos já nos sentimos como um desperdício de tempo, mas Katy mostra que somos originais. Não podemos ser substituídos e que, exatamente por isso, devemos ser mais confiantes. "Depois do furacão, vem o arco-íris, e se todas as portas se fecharam, foi para abrir uma que possa levá-lo ao rumo perfeito." Nesse hino, acreditar é a base de tudo. E é assim que Katy constituiu sua vida: acreditando que tudo poderia ser melhor e mais bonito. Que seu futuro poderia ser mais incrível. E mesmo quando ninguém acreditar, seguir adiante só depende da demonstração de nossa luz interna. A partir da letra de "Firework", percebe-se que qualquer pessoa pode ser mais brilhante que a lua, e que não há nada mais digno do que brilhar, ter uma vida explodindo de felicidade, e que ninguém pode tirar isso de você.

"ROAR"

Em "Roar", a mensagem de superação é tão perceptível e contagiante quanto em "Firework", e mostra que mulheres e homens podem, e devem, enxergar dentro de si um poder único, pessoal e intransferível.

I used to bite my tongue and hold my breath
Scared to rock the boat and make a mess
So I sat quietly, agree politely
I guess that I forgot I had a choice
I let you push me past the breaking point
I stood for nothing, so I fell for everything

"Eu costumava morder a língua e prender a respiração, tinha medo de virar o barco e fazer bagunça. Então, me sentava quieta, e concordava educadamente. Acho que esqueci que tinha uma escolha. Deixei você me empurrar além do ponto. Suportei por nada; então, caí por tudo." O início da música já é um chacoalhão daqueles para qualquer situação em que nos colocamos como vítimas. Ter medo de falar o que se pensa, concordar por educação e suportar coisas por medo é algo que muitos fazem e não se dão conta do quanto isso é nocivo para si mesmo.

You held me down, but I got up
Already brushing off the dust
You hear my voice, you hear that sound
Like thunder, gonna shake the ground
You held me down, but I got up
Get ready, 'cause I've had enough
I see it all, I see it now

Nesse trecho, ela fala que se levantou, sacudiu a poeira, e conseguiu finalmente expressar como se sentia. E todos ouvem sua voz, aquele som que faz o chão tremer. "Eu tenho o olho do tigre, sou uma lutadora, danço no fogo porque sou uma campeã. E você vai me ouvir rugir mais alto, mais alto que um leão, porque sou uma campeã. E você vai me ouvir rugir", ela vocifera durante o refrão.

Somos todos campeões. E, mesmo quando deixamos que os outros nos rebaixem, nos calem e façam com que nos sintamos diminuídos e incapazes, temos uma coragem que nos faz reagir, mostrando-nos o caminho e trazendo-nos à disposição sincera de que, talvez, não haja alternativa senão brilhar e fazer o grito ecoar por toda a cidade.

Não são apenas os hinos de superação de Katy que a tornam especial. Todas as suas músicas contêm frases que podem nos ajudar em momentos mágicos da vida. Fizemos aqui uma coletânea das mais conhecidas, exclusivamente para que você se divirta com elas. Aproveite!

Em "Dark Horse":
Sim ou não, um não talvez
Então tenha certeza antes de você se entregar para mim

Todo mundo já passou por uma fase assim, em que se está apaixonado por alguém que não se decide. A pessoa que você gosta não diz nem que sim, nem que não, e você sofre porque precisa de uma resposta. Não existe um meio-termo, um talvez – tem que ser sim ou não.
Esse trecho de "Dark Horse" atesta novamente o quanto a cantora é avessa a situações em que se fica em cima do muro. "Seja frio ou quente, não seja morno senão eu te vomito", já dizia Perry em "Hot N Cold".

Em "This Is How We Do":
Bebendo um vinho rosé, o sol em Silverlake
Chegando cheio de preguiça
(É assim que nós fazemos)

Essa é a visão perfeita de um dia de férias em um local paradisíaco: bebendo vinho ao tomar sol, com uma atmosfera preguiçosa no ar, ela afirma: "permita-se". Cultive o amor em seus momentos mais bonitos.

Em "The One That Got Away":
Todo esse dinheiro
Não pode comprar uma máquina do tempo, não

Talvez uma das verdades mais sábias contidas em duas simples frases é que não há dinheiro no mundo capaz de fazer o tempo voltar. Sempre iremos nos arrepender por não termos feito algumas coisas, por termos desperdiçado oportunidades de ser feliz.

Em "Wide Awake":
A gravidade machuca
Você tornou isso tão doce
Até que eu despertei
No concreto

Cair ou ser machucado por quem amamos pode parecer natural como a gravidade. E muitos conseguem nos fazer descer a degraus tão baixos, que só nos damos conta quando estatelamos a cara no concreto.

A frase contém uma lição ímpar: independentemente do amor que tenhamos um pelo outro, e mesmo que a intenção não tenha sido nos derrubar, quando você desperta, o chão duro e a realidade te fazem acordar. Acorde antes que seja tarde!

Não se importe com o que vão pensar de você. Faça o que quiser e apenas procure a felicidade.

Essa frase dispensa explicações; e nos impacta de tal maneira que nos deixa reflexivos e confiantes. Ser feliz é questão de escolha, embora as escolhas de muita gente sejam condicionadas pelo olhar dos outros. Por isso, não se importar com o que vão pensar é libertador; é como obter um aval de si mesmo para ser efetivamente feliz.

Em "Unconditionally":
Venha até mim exatamente como você é
Não preciso de desculpas
Saiba que você vale a pena
Eu vou acabar com seus dias ruins através dos dias bons

Ter o poder de transformar a realidade de outra pessoa é só para quem tem uma autoestima como a de Katy Perry. A nossa diva mostra que, a partir do cuidado consigo mesmo e da aceitação de suas próprias falhas e vitórias, é possível transmitir esse amor às outras pessoas e fazer com que se reergam, alcançando um ideal de amor próprio incondicional.

O que realmente está dentro de você?

Uma pergunta de certo modo desconcertante que mostra que, apesar de existirem muitos parâmetros para se medir o nível de sinceridade de cada um, a única resposta verdadeira é aquela que vem de dentro, já que não é possível mentir para si mesmo.

Em "Part of Me":
Jogue seus paus e pedras
Jogue suas bombas e seus golpes
Mas você nunca romperá a minha alma
Essa é a parte de mim
Que você nunca arrancará

Se existe uma coisa que ninguém jamais será capaz de destruir, isso se chama "essência". Nossa alma, que carrega a nossa integridade, o nosso caráter e as nossas convicções, não pode ser retirada de nós, nem mesmo quando nos ferirem da maneira mais covarde, quando não esperamos. E ainda quando nos tiram tudo, não podem destruir a alma. Isso é forte, impactante – mais um trecho de Katy Perry.

Em "Hot N Cold":
Você muda de ideia
Como uma garota troca de roupa

Saber que alguns homens mudam de opinião como quem troca de roupa é algo que nos permite ser mais compreensivas. Quando tomamos conhecimento de que os garotos também se sentem inseguros, surge uma sensação de alívio por saber que há mais pessoas que se sentem assim às vezes. Então, desencana, que esse mal é de muito namorado inseguro e indeciso, que não fica e nem vai embora.

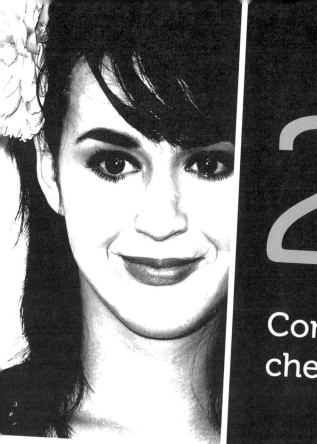

20
Como ela chegou lá

Falar de uma mulher com tantas qualidades é fácil, principalmente se ela é uma guerreira que vence diariamente, apesar de todas as adversidades que encontrou em seu caminho. O que diferencia Katy das meninas da sua geração? Por que ela faz tanto sucesso e se tornou a voz mais ouvida dos Estados Unidos? Essas são perguntas cujas respostas se tornam óbvias a partir do momento que conhecemos sua trajetória. E, agora, quando nos perguntarem "Quem é Katy Perry?", já podemos responder com um pouco mais de propriedade.

Sabemos que Katy começou a carreira quando era bem novinha. Outras artistas e celebridades que começaram cedo passaram por crises na adolescência e juventude, por terem crescido com a fama. Muitos acabaram fugindo para as drogas, e até hoje enfrentam sérios problemas de autoestima. Mas isso não acontece com Katy, que trilhou seu caminho com as próprias pernas, com segurança, maturidade e foco.

Para Katy, nada é impossível, e essa é uma lição das grandes. Inspirar-se em alguém que saiu de sua cidade natal, deslocou-se para um lugar desconhecido a fim de tentar a sorte, perdeu todo o dinheiro que trazia consigo ao ser desenganada pelos produtores com quem teve contato – e, ainda assim, investiu no próprio potencial até atingir seus objetivos, um a um, é um feito digno de aplausos em pé. É desse modo que constroem-se as histórias de superação: de repente, pessoas que tiveram a vida virada de cabeça para baixo sacodem a poeira e, de tanto acreditar e trabalhar em prol do sucesso, tornam seus sonhos reais!

Seria fácil dizer que ela chegou lá por causa de seus lindos olhos azuis e do conjunto de sua beleza estonteante. Se tivesse, no entanto, optado por ficar debaixo da saia da mãe, confortavelmente deitada em areias californianas, esperando as coisas acontecerem, estaria até hoje cantando na igreja, talvez casada, com filhos, levando uma vida absolutamente diferente da que almejara. Katy precisou pedir dinheiro emprestado ao irmão para seguir na busca de seus sonhos, e hoje é uma pessoa vitoriosa. Ela não teve medo de ser ousada e um dia a vitória bateu em sua porta.

Katy sabia que não nascera para cantar música gospel. Mesmo religiosa, o sangue que corria por suas veias estava destinado a outra missão. Ela queria contagiar o mundo, fazer as pessoas rirem, chorarem e se emocionarem com suas letras, seus shows, sua presença. Ela foi a protagonista de sua história, desde o começo. Ela queria ser cantora. E tinha tanta certeza de que seria, que fugiu de casa justamente para provar que era possível ter sucesso cantando, embora seus pais dissessem que era louca, que tinha de voltar para casa e que aquela brincadeira precisava acabar. Mesmo assim, mesmo ouvindo repetidas vezes a palavra "não" no decorrer do tempo, ela não deixou seu sonho morrer.

E então, o que hoje parece um milagre, nada mais é do que a concretização de algo que ela desejava ardentemente – de algo que ela quis e fez acontecer. Não se pode afirmar que foi obra de alguma condição astral favorável, nem a roupa que ela usou – Katy só conseguiu sua primeira oportunidade porque não desistiu. E trabalhou duro, todos os dias, para chegar onde chegou.

E você, o que quer ser? Qual é o seu sonho? Você persegue esse sonho com unhas e dentes? Quando se sentir desanimado, pegue um copo de água, coloque umas pedras de gelo, e ligue uma música de Katy Perry. Sugerimos que dê preferência a um de seus hinos de superação, como "Firework" ou "Roar". Você vai se lembrar de que todo mundo passa por momentos desagradáveis, mas que a diferença é como lidamos com essas situações com o intuito de perpassá-las da melhor maneira possível.

Superação exige coragem, sucesso exige foco, disciplina e determinação. E oportunidades só surgem quando se está empenhado em criá-las, como fez nossa diva. Quando, por fim, ela assumiu o que queria para a própria vida, sem medo do que seus pais iriam pensar, surgiu o ícone Katy Perry. Ela percebeu que, além de cantar, outros talentos lhe eram exigidos, como o de compor músicas. Então, começou a compor, porque o primeiro passo para o sucesso é a tentativa. Ela percebeu que poderia ser ainda melhor. Não queria apenas voz e violão. Queria contagiar a plateia com dança, imagens e cheiros, e encantar seus fãs em todos os sentidos. Percebeu que, quando as pessoas saíam dos shows, estavam inebriadas, anestesiadas. E brincou com isso.

Doando-se para o trabalho, também percebeu que seu sonho tinha um preço, e alto: seria um grande desafio conciliar sua vida pessoal com a carreira de *superstar*. Terminou um relacionamento e sentiu o efeito que sua profissão poderia ter em sua vida. Mas só quando se casou e se apaixonou de verdade é que foi obrigada a fazer uma escolha. Deixar de lado seus shows, suas turnês e seus fãs por causa do marido não era uma opção viável. Por mais que o amasse, o foco em seu sonho era mais importante.

Contudo, é claro que todo sonho tem seu preço. Muita gente paga caro pela fama, e acaba deixando tudo de lado. Mas Katy, talvez, tenha decidido que todos os tipos de amor podem alimentar sua alma. E que o amor de seus fãs seja tão ou mais enriquecedor do que qualquer amor pela metade. É necessário respeito para uma relação dar certo, e Katy nos ensina isso de maneira didática. Uma mulher com tanta energia e vontade de fazer sempre mais jamais ficaria guardada dentro da casa do marido. Ela quer e merece mais.

Seu sonho, como todo sonho, se maximizara com as possibilidades que surgiam. Como ela mesma diz, é preciso estar preparado para quando as oportunidades surgirem, porque sonhos têm, sim, potencial para se tornar realidade. E quando isso acontece, você tem de estar certo do que quer. Então, quando ouvir Katy Perry, saiba que não está só ouvindo uma mocinha bonita que adora cantar. Ela tem uma história. Quando ouvir que seu show no Super Bowl teve recorde de transmissão on-line, não pense que é por causa dos efeitos especiais fantásticos ou pelo tubarão dançante. Katy já tinha projetado aquilo quando assistira à Beyoncé cantar, dois anos antes, pela televisão.

Aqui, finalizamos o livro para os fãs de Katy Perry.

Com o respeito que todos vocês merecem, pedimos que sejam livres de limitações, de medos, e enfrentem as próprias sombras para poderem dar conta do recado.

Se hoje estamos aqui falando sobre essa estrela, é porque ela brilha. Seja você também uma estrela e corra atrás de seus sonhos.

Não perca tempo pensando no que pode dar errado. Vire a mesa e agarre as oportunidades, pois elas surgem para os corajosos, que não têm medo de segui-las.

Um sucesso é construído com muita força de vontade, e ser protagonista da própria vida exige atenção constante. Faça isso, e talvez algum dia também terá sua história contada.